U0740083

App 个人信息保护治理实践

中国信息通信研究院◎编著

人 民 邮 电 出 版 社
北 京

图书在版编目（CIP）数据

App个人信息保护治理实践 / 中国信息通信研究院编著. -- 北京 : 人民邮电出版社, 2021.10
ISBN 978-7-115-57093-2

Ⅰ. ①A… Ⅱ. ①中… Ⅲ. ①移动终端－个人信息－法律保护－研究－中国 Ⅳ. ①D923.74

中国版本图书馆CIP数据核字(2021)第159351号

内 容 提 要

本书以工业和信息化部关于开展 App 侵害用户权益专项整治工作为背景，从治理实践、检测平台、技术标准、专家观点以及规章制度等方面，对 App 个人信息保护治理工作进行了系统梳理。本书总结了工业和信息化部持续深入推进 App 治理工作的成效和经验，展示了在促进移动互联网产业健康发展、切实维护个人信息安全、加快建设网络强国方面做出的诸多成绩。本书适合互联网企业、App 服务提供者、App 分发服务提供者、政策研究者等阅读。

♦ 编　　著　中国信息通信研究院
责任编辑　王建军
责任印制　陈　犇
♦ 人民邮电出版社出版发行　　北京市丰台区成寿寺路 11 号
邮编　100164　　电子邮件　315@ptpress.com.cn
网址　https://www.ptpress.com.cn
涿州市京南印刷厂印刷
♦ 开本：720×960　1/16
印张：16.5　　2021 年 10 月第 1 版
字数：218 千字　　2021 年 10 月河北第 1 次印刷

定价：99.00 元

读者服务热线：(010)81055493　印装质量热线：(010)81055316
反盗版热线：(010)81055315
广告经营许可证：京东市监广登字 20170147 号

编 委 会

主　任： 余晓晖

副主任： 王志勤

成　员： 魏　然　敖　立　辛勇飞　徐志发

编 写 组

组　长： 张春飞　肖荣美　宋　恺

副组长： 方　禹　宁　华　汤立波　石中金

成　员： 何　波　刘　陶　马　慧　常浩伦

杨　婕　袁纪辉　贾宝国　赵淑钰

王艳红　郭文双　武林娜　吴　怡

陈鑫爱　杜　云　周　飞　李可心

李京典　傅　山　王嘉义　燕丽华

序 言

以人民为中心做好App治理工作

近年来，以移动互联网为代表的新一代信息通信技术的发展日新月异，数字化、网络化、智能化加速推进，人类社会迎来前所未有的深刻变革，推动社会生产力发生新的飞跃。我国抓住互联网发展机遇，秉承改革创新精神，大力推动移动互联网与实体经济的深度融合，积极探索、锐意进取，各类移动互联网应用程序（App）蓬勃发展，新模式、新业态不断涌现，为经济的高质量发展提供了新动能。移动互联网发展焕发新活力的同时，也带来了一系列的治理问题，部分App随意收集、违法获取、过度使用个人信息的现象时有发生，不仅侵害了人民群众的切身利益，也严重扰乱了数字经济市场秩序。加强App个人信息保护治理，规范App个人信息处理活动，成为一项亟待解决的重要命题。

党的十九届五中全会提出，要保障国家数据安全，加强个人信息保护。移动互联网已经成为个人信息保护的关键领域。工业和信息化部等行业主管部门贯彻落实党中央、国务院决策部署，立足主责主业，大力推进相关领域个人信息保护工作。自2019年以来，工业和信息化部连续两年部署开展App侵害用户权益专项整治行动，聚焦人民群众反映强烈、社会高度关注的App侵害用户个人信息权益问题，迅速出击、积极作为。专项整治行动得到了社会各界的广泛关注和相关企业的高度重视，在个人信息保护方面探索出新的治理模式，取得了阶段性积极成效。

在工业和信息化部的指导下，中国信息通信研究院积极推进App个人信息保护的政策研究、平台建设、标准制定等系列工作。中国信息通信研究院支撑起草了《移动互联网应用程序个人信息保护管理暂行规定（征求意见稿）》等规范性文件，明确了治理的目标、范围和流程，建立了App治理规范体系。同时，中国信息通信研究院组织行业优势力量，共同建设了“全国App技术检测平台”，运用人工智能、大数据等技术手段持续优化平台能力，大幅提升监管自动化、智能化、标准化，为监管部门进行 App 个人信息保护检查工作提供了有力支撑。针对 App 治理中发现的问题，中国信息通信研究院依托行业协会制定发布了《App 用户权益保护测评规范》《App 收集使用个人信息最小必要评估规范》等系列标准，为企业合规运营提供了明确指引。

2021 年是开启国家“十四五”发展新征程的关键之年。《中华人民共和国国民经济和社会发展第十四个五年规划和 2035 年远景目标纲要》指出，要加强涉及国家利益、商业秘密、个人隐私的数据保护，加快推进数据安全、个人信息保护等领域基础性立法。2021 年 6 月以来，全国人民代表大会常务委员会先后审议通过《中华人民共和国数据安全法》和《中华人民共和国个人信息保护法》，进一步从法律层面明确了 App 个人信息保护的要求。推进 App 个人信息保护治理工作是一项具有重大社会效益的益民举措，也是为数字经济持续健康发展营造良好环境的重要保障。下一步，中国信息通信研究院将秉持“国家高端专业智库、产业创新发展平台”的发展定位，一如既往地全力做好 App 个人信息保护治理支撑工作，搭建交流平台，汇聚行业力量，共同推动移动互联网规范健康持续发展，不断提升广大人民群众在网络空间的获得感、幸福感、安全感。

为及时总结成效经验，持续深入推进 App 个人信息保护治理工作，在工业和信息化部的指导下，中国信息通信研究院组织编著了《App 个人信息保护治理实践》一书，从治理实践、检测平台、标准体系、专家观点以及法律法规等方面，系统梳理了 App 个人信息保护治理的相关工作。期待本书能为相关企业和广大读者了解 App 个人信息保护工作的开展情况提供有益参考，同时也欢迎对本书及 App 个人信息保护治理提出宝贵建议。我们将与各界一道，共同为维护个人信息安全、促进移动互联网产业健康发展、推进网络强国建设贡献更多的力量。

中国信息通信研究院 余晓晖

2021 年 9 月

前 言

打好治理组合拳　纵深推进App治理

当前，以移动互联网为代表的新一代信息通信技术快速发展，不断催生新业态、产生新模式，推动各类应用程序蓬勃发展，App在架数量和用户规模持续扩大，已经成为个人信息保护的关键领域。国家高度重视App个人信息保护治理工作，工业和信息化部连续两年开展App侵害用户权益专项整治行动，社会反响热烈，取得阶段性明显成效。

一、加强App个人信息保护是经济社会发展的必然趋势

与其他行业相比，移动互联网产业有创新能力强、迭代周期短、形态变化多样等特征，小程序、快应用等新应用形态不断出现，软件工具开发包（Software Development Kit，SDK）、加固壳等新对象不断增加，麦克风窃听、通讯录窃取、相册非授权读写等问题频繁出现。截至2020年年底，我国国内市场上监测到的App数量达345万款。工业和信息化部近期通报情况显示，部分App随意收集、违法获取、过度使用个人信息的情况还是比较严重的。虽然近年来我国个人信息保护力度不断加大，但在现实生活中，由于用户个人信息收集使用规则、目的、方式和范围仍存在不明确因素，个人信息保护仍然面临诸多问题和挑战，特别是App侵犯个人信息的问题尤为突出。

当前，我国互联网产业的盈利模式从在线广告向基于大数据的定向推送、精准营销转变，用户个人信息成为企业获利的核心价值源。企业个人信息保护能力良莠不齐，为逐利违规侵害用户权益的情况时有发生，尤其是中小企业，其技术能力、用户权益保护经验相对不足。违法违规处理用户个人信息不仅侵害了人民群众的切身利益，也严重扰乱了数字经济的市场秩序。因此，当务之急是要建章立制，为App个人信息处理活动划出底线、明确红线，这样既有利

于监管部门明确职责，按照法定权限和程序行使权力，也有利于降低各类市场主体的合规成本，稳定市场预期，促进数字经济持续、健康发展。

二、App 专项治理工作的成效与经验

自 2019 年以来，工业和信息化部依据相关法律法规要求和“三定”方案职责，连续两年组织开展 App 专项治理，持续加强 App 个人信息保护工作，社会反映热烈，取得显著进展和成效。

一是持续完善规章制度。依据《中华人民共和国网络安全法》《中华人民共和国电信条例》《电信和互联网用户个人信息保护规定》（中华人民共和国工业和信息化部令第 24 号）等法律法规的相关要求，先后发布《工业和信息化部关于开展App侵害用户权益专项整治工作的通知》（工信部信管函〔2019〕337号）和《工业和信息化部关于开展纵深推进 App 侵害用户权益专项整治行动的通知》（工信部信管函〔2020〕164 号）两份规范性文件，明确了专项治理的目标、范围和流程。2021 年以来，工业和信息化部联合国家互联网信息办公室、公安部、国家市场监督管理总局共同发布《常见类型移动互联网应用程序必要个人信息范围规定》，明确 39 类 App 必要个人信息范围；同时，结合行业发展的新形势、新特点、新问题，起草制定了《移动互联网应用程序个人信息保护管理暂行规定（征求意见稿）》，并拟联合国家互联网信息化办公室等部门发布实施。

二是持续开展专项整治行动。2019 年年初，工业和信息化部积极联合国家互联网信息化办公室、公安部、国家市场监督管理总局共同开展 App 违规收集使用个人信息专项治理行动。同时，针对人民群众反映强烈的 App 侵害用户权益问题，在四部门工作机制下，立足工业和信息化部职责连续两年开展专项整治，特别是 2020 年 7 月针对央视“3・15”晚会反映的“App、SDK 违规收集使用个人信息”等问题，制定并发布《工业和信息化部关于开展纵深推进 App 侵害用户权益专项整治行动的通知》，提出四方面十项管理要求。截至 2021 年 7 月，工业和信息化部已累计组织 16 批次集中抽测，检查 139 万款 App，通报 1407 款违规 App，下架 377 款拒不整改的 App，有力震慑了违法违规行为，树立了监管权威，得到了社会舆论和广大用户的肯定与支持。

三是推动互联网行业开展自律。在2020年11月召开的全国App个人信息保护监管会上，苏宁、蚂蚁金服、爱奇艺、360、小米、新浪、快手、哔哩哔哩、阿里巴巴、百度等互联网企业现场做出庄重承诺，60余家有较大影响力的互联网企业也以不同方式做出承诺。各家企业都积极践行承诺，树立个人信息保护的高压红线意识，履行保护用户个人信息的责任和义务。在企业的大力配合下，我国App个人信息保护行业自律正在逐步形成。

四是制定发布系列标准。针对App治理中发现的问题，依托电信终端产业协会（Telecommunication Terminal Industry Forum Association，TAF），联合终端厂商、互联网企业、安全企业等行业力量，组织制定了《App用户权益保护测评规范》10项标准和《App收集使用个人信息最小必要评估规范》17项标准，涉及图片信息、终端通讯录、设备信息、人脸信息、位置信息、录像信息、软件列表、录音信息、短信信息、通话记录等个人信息的收集使用规范要求。上述标准为监管检测提供了依据和支撑，对企业合规经营提出了明确的规范要求。

五是组织建设全国App技术检测平台。工业和信息化部充分发挥行业技术优势，集聚中国电信、百度、360、奇安信等多家企业的技术力量，运用人工智能、大数据等新技术新手段，组织攻关自动化检测测评技术，建设了全国App技术检测平台，在专项整治和日常监管中发挥了积极作用。该平台已于2020年7月21日上线运行，目前检测能力已达到月均8万款，预计到2021年年底将具备180万款的检测能力。

三、纵深推进App治理工作

纵深推进App治理工作是贯彻落实党中央、国务院决策部署，践行以人民为中心发展思想的具体行动，是一项具有广泛社会影响力和重大社会效益的益民举措。虽然前期App专项整治工作取得了阶段性明显成效，但App行业发展变化快，新情况、新问题不断出现，需要持续深入推进。党的十九届五中全会明确提出，维护人民根本利益，保障国家数据安全，加强个人信息保护。下一步，各方主体需要进一步深入贯彻落实十九届五中全会精神，强化责任担当，抓紧、抓实、抓细各项工作举措，在国家相关工作机制的统筹协调下，持续加强个人信息保护的相关工作。

（一）明确总体思路原则

App 治理工作涉及的主体众多、情况复杂多变，是一项非常艰巨的系统工程，在纵深推进 App 治理的工作中，需要把握好以下关系。

一是处理好专项治理和长效治理的关系。一方面，坚持问题导向，针对 App 行业发展面临的突出问题、薄弱环节开展专项治理，对症下药、精准发力；另一方面，坚持系统谋划，立足长远，从“运动式”执法转向“专项整治和长效治理相结合”的监管模式，从“局部监管、突出问题”转为“全流程、全链条、全主体”监管，有效提升行业领域个人信息保护监管水平。与此同时，要实现 App 治理环境的根本性好转，还需要政府部门、社会组织、企业以及用户等多元主体共治、齐抓共管、群策群力、良性互动，综合运用法律规范、行政监管、技术检测、社会监督等多种治理手段，打好治理组合拳，纵深推进 App 治理工作。

二是处理好用户权益和行业发展的关系。治理是为了更好地促进发展，让广大人民群众享受更安全、可靠的 App 服务，在 App 治理工作中不可将保护用户权益与企业合法商业利益对立起来。一方面，要坚持用户权益保护优先，毫不保留地解决群众关切、社会关注的焦点和难点问题，引导企业在权衡商业利益和用户权益时做出正确选择；另一方面，要统筹兼顾行业发展，坚持政策引导和依法管理并举，鼓励支持和规范发展并行，在引导企业做好 App 用户个人信息保护工作的同时，为行业发展营造一个稳定、公平、透明、可预期的营商环境，支持企业开展技术创新和模式创新，积极参与国际竞争，拓展国外发展空间。

（二）把握重点工作方向

App 治理工作点多面广，既要全盘考虑、统筹部署，也要突出重点、高效推进，立足存在的问题和短板，依次推进相关重点工作。

一是补齐制度短板，完善监管依据。加快出台《App 个人信息保护管理暂行规定》并组织实施，为 App 个人信息处理活动划出底线和亮出红线。同时，加强相关法律制度问题的研究，结合《中华人民共和国个人信息保护法》的制定情况，尽快推动《电信和互联网用户个人信息保护规定》的修订工作，从健全个人信息处理规则、细化个人权利和个人信息处理者义务、明确通报批评等处置措施入手，增强规则的针对性和可操作性。继续完善App治理标准体系，推动将已发布的27项团体标准上升为行业标准，联合终端厂商、互联网企业、安全企业等行业力量，依据行业的发展变化，及时补充、修订《App用户权益保护测评规范》系列标准和《App收集使用个人信息最小必要评估规范》系列标准的内容，进一步细化App收集使用个人信息规范要求。

二是加强部门间协同共治，提高治理成效。一方面，个人信息保护工作涉及各行各业，影响面广，既需要国家层面统筹部署，也需要积极发挥工业和信息化部、国家互联网信息办公室、公安部、国家市场监督管理总局等各行业主管部门的作用，推动协同共治，形成监管合力，共同做好个人信息保护工作；另一方面，要坚持问题导向，深入推进专题整治，针对人民群众反映强烈的过度索取用户权限，弹窗信息关不掉，弹窗信息利用文字、图片、视频等方式欺骗诱导用户，“私开麦克风‘窃听’用户”等突出问题，持续开展专项整治行动，充分利用好法律、标准、行政、技术等监管手段，打好治理组合拳，力争取得标志性成果。

三是发挥技术优势，提升治理效能。明确App开发运营者、第三方服务提供者、App分发平台等不同主体的责任边界，制定相应的技术管控措施，构建“闭环治理”机制。推进终端、操作系统对App治理的支持作用，强化终端权限管控、应用行为记录、应用关联启动等方面的规范要求。持续推进App检测技术平台的建设。组织产业优势力量，有力保障、持续优化、高效推进全国App技术检测平台建设。在深度方面，大幅提升对单款App自动化测试项的比例；在广度方面，全面提高App自动获取能力和批量处理能力，有力提升全行业监管的标准化、自动化和智能化的水平。

四是发动多方力量，推进综合治理。强化专业解读，组织权威机构、资深专家围绕App治理的相关政策措施、热点问题及时进行解读，引导媒体舆论正确宣传、广大用户准确理解。推动社会监督，畅通社会监督表达渠道，用好互联网信息服务投诉平台和中国互联网协会网络不良与垃圾信息举报受理中心两大投诉渠道，加大宣传引导力度，及时处理相关举报案件，推动举报投诉工作标准化、规范化。开展法律普及，充分调动各类媒体资源，统筹运用各种传播手段，加强App个人信息保护相关法律知识的宣传普及，增强公民的自我防范意识，为App治理工作的贯彻实施营造良好的社会氛围。

中国信息通信研究院

2021年7月

目　录

第一篇　特稿：明确监管工作部署

第二篇　专项工作：整治违法侵权行为

第三篇　检测平台：利用技术治理手段

第四篇　标准体系：发挥标准引领作用

第五篇　专家观点：解读最新制度规则

附件　相关法律法规

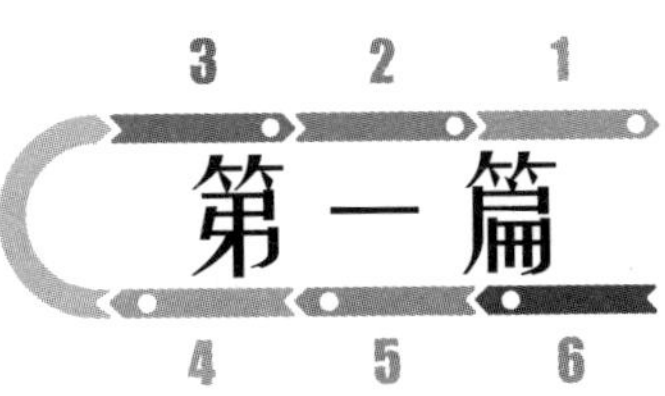

特稿：明确监管工作部署

肖亚庆部长在工业和信息化发展情况新闻发布会上的介绍

2021 年 3 月 1 日，国务院新闻办举行工业和信息化发展情况新闻发布会。工业和信息化部党组书记、部长肖亚庆出席发布会，并就 App 个人信息保护问题回答了路透社记者的提问。以下为发布会实录。

路透社记者：工业和信息化部认为中国科技公司在保护数据隐私方面做得如何？工业和信息化部在加强数据隐私和保护方面会采取哪些措施？比如中国将如何确保应用程序不再与第三方共享个人信息？谢谢。

肖亚庆部长：感谢你的提问。首先，个人信息保护问题，中国政府历来高度重视，我觉得就 2020 年来讲，在历史上可能是保护得最好的一年，因为我们是不断进步的过程。第二，应该看到，信息技术发展非常迅猛，由于改革开放，由于我们实施包容审慎的监管，由于我们鼓励创新，使得我们在个人信息服务应用上丰富多彩，群众生活各方面得到了很多便利。但同时我们也看到，监管在发展过程中，对个人信息应用的技术还有不少需要迅速提高、迅速加强的地方。比如说刚才讲的个人信息，就拿大家都用的手机来看，手机 App 的数量是非常大的，据不完全统计，有的说超过了 350 万，有的说保守估计也有 250 万以上，所以一个人的手机上，像那位记者拿的手机里有 200 多万个 App，是难以想象的。所以怎么样把这个监管好，我们这些年也根据发展和安全要求加大了整治力度。大家也注意到，2020 年以来，工业和信息化部对 App 开展了专项整治，我们也和其他部门一起，对群众反映强烈的问题进行了专项整治。比如说大家反映手机上的麦克风、手机里的通信地址等进行了专项整治。整治总体来讲，效果还是明显的。随着 2021 年要求进一步提升，我们还要继续延续这样的整治，把大家反映的重点领域，按照最小可用的原则来处理个人信息使用问题。

在个人信息保护过程中，要坚决下架这些拒不接受整治的 App。同时，作为监管方面，我们也要提高技术装备能力，首先要能检测出这些信息保护的漏洞，使群众在这方面放心使用。再比如说，在 App 中大家不喜欢的广告里面，那个“×”非常难找。所以信息骚扰可以拦截，如果不乐意看这个广告，应该非常明显可以关掉。还有，本来想打开路透社的页面，它把其他广告显示在你页面之前，诸如此类问题，群众反映还是很多的。所以我想，中国政府保护个人信息的态度是坚决的，法律是不断完善的，技术水平也在不断提升，我们要把行动坚持下去，一定会让大家不断增强获得感。

我也公布一个电话，12321 是网络不良和垃圾信息举报电话，如果有什么问题，大家可以举报，这也是对我们工作的促进。谢谢。

工业和信息化部组织召开全国App个人信息保护监管会

2020年11月27日，全国App个人信息保护监管会在京召开。工业和信息化部党组成员、副部长刘烈宏出席会议并讲话。部总工程师韩夏主持会议。

刘烈宏指出，App侵害用户权益专项整治是践行以人民为中心发展思想的具体行动，是一项具有广泛社会影响力和重大社会效益的益民举措。工业和信息化部深入贯彻落实党的十九届五中全会精神，坚决做好“保障国家数据安全，加强个人信息保护”的相关工作。

刘烈宏充分肯定了前期App个人信息保护工作取得的积极成效，对下一步工作提出六方面要求。一是提高政治站位，坚持以人民为中心。各企业要从讲政治的高度，提高认识，树立用户个人信息保护的红线意识，抓紧、抓细、抓实各项整治工作。二是完善政策体系，坚持依法治理。总结专项整治行动经验，结合新的监管形势和发展要求，推动《电信和互联网用户个人信息保护规定》修订，为提升App治理水平打下坚实的法治基础。三是制定标准体系，坚持规范治理。标准的制定为治理工作提供了依据和支撑，为企业合规经营提供了明确的规范要求，要根据实践不断完善，逐步将团体标准提升为行业标准和国家标准，并力争推动成为国际标准。四是加强技管结合，坚持科技治理。工业和信息化部信息通信管理局要组织产业优势力量，积极运用人工智能、大数据等新技术手段，有力保障、持续优化、高效推进全国App技术检测平台建设，大幅提升全行业App监管标准化、自动化、智能化水平。五是加强统筹协调，坚持联动治理。工业和信息化部要加强部门间协同共治，推动与国家互联网信息办公室、公安部、市场监督管理总局的联动治理，严格履行属地监督检查的管理职责，敢于坚持原则、动真碰硬，严厉整治属地 App 企业的违规行为。六是推动行业自律，坚持源头治理。各企业要直面问题与挑战，要把 App 侵犯用户权益整治工作作为各家企业的核心工作来抓，确保商业模式和技术演进充分保障用户的合法权益。

工业和信息化部信息通信管理局介绍了 App 个人信息保护相关工作情况，并通报了相关企业存在的推诿、故意拖延整改、落实整改不到位等问题。重庆、广东通信管理局介绍了地方工作开展情况。中国信息通信研究院介绍了全国 App 技术检测平台的相关情况。电信终端产业协会发布《App 用户权益保护测评规范》10 项标准及《App 收集使用个人信息最小必要评估规范》8 项标准，涉及人脸信息、终端通讯录、录音信息、位置信息、图片信息、软件列表、设备信息、录像信息多个方面，这些标准将为企业合规经营提供明确规范要求，为治理工作提供依据和支撑。

苏宁张近东、蚂蚁胡晓明、爱奇艺龚宇、360 周鸿祎、小米王翔、新浪王高飞、快手宿华、哔哩哔哩陈睿、阿里郑俊芳、百度梁志祥等互联网企业代表主要负责人向社会做出公开郑重承诺，将严格落实 App 侵犯用户权益各项整治工作，保障用户合法权益。

工业和信息化部办公厅、信息通信管理局，北京、黑龙江、江苏、浙江、广东、重庆 6 省（直辖市）通信管理局，中国信息通信研究院、中国互联网协会、电信终端产业协会相关负责同志参加会议。中国电信、中国移动、中国联通，百度、阿里巴巴、搜狐、苏宁、蚂蚁集团、小米、字节跳动、360、拼多多、美团、京东、网易、新浪、华为、OPPO、vivo、携程、科大讯飞、哔哩哔哩、爱奇艺、滴滴、腾讯、快手、58 同城、学而思、猿辅导、永安行、小红书、知乎、粉笔、个推、极光、贝壳找房、汽车之家、完美世界、花椒直播、脉脉、虎牙、斗鱼、探探、天眼查、聚美优品、美图、唯品会、映客、趣头条、瓜子二手车、快狗打车、小叶子等 68 家单位和企业主要负责人参加会议。

工业和信息化部组织召开App个人信息保护监管座谈会

2021年2月5日，App个人信息保护监管座谈会在京召开。工业和信息化部党组成员、副部长刘烈宏出席会议并讲话。

会议通报了近期App个人信息保护工作情况。针对App过度索取麦克风、相册、通讯录等权限问题，工业和信息化部专题开展技术检测，对发现存在问题的179款App提出了责令限期整改，对其中未按期整改的26款App予以公开通报。会议介绍了正在起草的《移动互联网应用程序个人信息保护管理暂行规定》有关情况，与会专家学者和企业负责人进行了研讨交流。电信终端产业协会发布了9项《App收集使用个人信息最小必要评估规范》系列标准。

刘烈宏指出，党中央、国务院高度重视个人信息保护工作，工业和信息化部强化责任担当，从制度体系建设、标准制定完善、技术手段支撑和企业自律示范四个方面大力开展相关工作，取得阶段性成效。主要互联网企业、终端企业和安全企业践行承诺，支持平台建设，为App治理作出积极贡献。刘烈宏强调，要继续坚持问题导向，重点解决“麦克风权限滥用”“未经用户同意擅自读写相册”“过度索取通讯录”“隐藏个推关闭选项”等当前用户反映强烈的热点问题。

刘烈宏要求，把握新形势、群策群力，打好综合治理组合拳：**一是要稳步增强依法治理能力**。工业和信息化部信息通信管理局制定的《移动互联网应用程序个人信息保护管理暂行规定》非常及时，制度设计明确合理，整治方向和内容也都是人民群众反映强烈的迫切期望，要加快文件出台进程，推动治理工作制度化、常态化。**二是要大幅提高专题治理成效**。要坚持问题导向，聚焦最突出的问题，重点对违规调取语音权限等问题进行深入研究，把问题找准，把根源挖深，对着症结精准发力。**三是要持续提升技术治理水平**。高效推进全国 App 技术检测平台建设，大幅提升对单款 App 自动化测试项比例，全面提高 App 自动获取能力和批量处理能力，形成全年检测 180 万款的覆盖能力。**四是要充分发挥舆论监督治理作用**。督促企业强化自律，树立高压红线意识，履行法律义务和社会责任。

工业和信息化部信息通信管理局负责人参加会议。中国信息通信研究院、北京互联网法院、中国消费者协会、北京航空航天大学、中国人民大学等单位的专家学者，百度、腾讯、阿里巴巴、美团、字节跳动、京东、新浪微博、快手、小米、OPPO、360、捷兴信源、梆梆安全等企业负责人参会研讨。

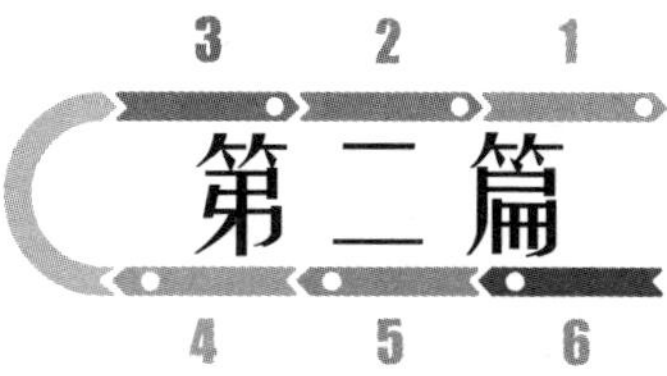

专项工作：整治违法侵权行为

工业和信息化部关于侵害用户权益行为的 App 系列通报

自 App 侵害用户权益专项整治工作开展以来，工业和信息化部依据《中华人民共和国网络安全法》《中华人民共和国电信条例》《电信和互联网用户个人信息保护规定》等法律法规，按照《工业和信息化部关于开展 App 侵害用户权益专项整治工作的通知》（工信部信管函〔2019〕337 号）《工业和信息化部关于开展纵深推进 App 侵害用户权益专项整治行动的通知》（工信部信管函〔2020〕164 号）工作部署，组织第三方检测机构对手机应用软件进行检查。对于检查存在侵害用户权益行为的 App，工业和信息化部进行公开通报，督促存在问题的企业进行整改。截至 2021 年 2 月，工业和信息化部先后发布十一批次“关于侵害用户权益行为的 App 通报”以及七批次“关于下架侵害用户权益 App 名单的通报”。

（一）关于侵害用户权益行为的 App 通报（第一批）

根据《工业和信息化部关于开展 App 侵害用户权益专项整治工作的通知》要求，我部按计划、分阶段、稳步推进 App 侵害用户权益专项整治行动。专项行动得到了社会的广泛关注和相关企业的高度重视，在加强用户个人信息保护方面取得积极成效。自查自纠阶段共 8000 多款 App 完成整改。在监督检查阶段，我部组织第三方检测机构对各大应用商店 App 进行检查，对发现存在问题的百余家企业进行督促整改。

截至目前，尚有 41 款 App 存在违规收集、使用用户个人信息、不合理索取用户权限、为用户账号注销设置障碍等问题（详见附件），未完成整改。上述App应在12月31日前完成整改落实工作，逾期不整改的，我部将依法依规组织开展相关处置工作。

附件：存在问题的应用软件名单（第一批）

工业和信息化部信息通信管理局

2019年12月19日

存在问题的应用软件名单（第一批）

序号	软件名称	企业名称	版本	版本来源	所涉问题
1	QQ	深圳市腾讯计算机系统有限公司	8.2.0	官网	强制用户使用定向推送功能
					不给权限不让用
					账号注销难
2	QQ 阅读	上海阅文信息技术有限公司	7.1.1.888	官网	私自收集个人信息
					私自共享给第三方
					强制用户使用定向推送功能
					账号注销难
3	新浪体育	新浪体育有限公司	4.3.3.0	官网	私自收集个人信息
4	小米金融	上海小米金融信息服务有限公司	7.4.4.2689	应用宝	账号注销难
5	搜狐新闻	北京搜狐新媒体信息技术有限公司	6.3.1	官网	私自收集个人信息
6	36 氪	北京多氪信息科技有限公司	8.6.7	应用宝	私自共享给第三方
7	顺义区图书馆	北京超星数图信息技术有限公司	1.0	西西软件园	过度索取权限
					账号注销难
8	闪送	北京同城必应科技有限公司	5.2.20	应用宝	私自收集个人信息
					超范围收集个人信息
					私自共享给第三方
					强制用户使用定向推送功能
					不给权限不让用
					账号注销难
9	疯狂体育	北京疯狂体育产业管理有限公司	6.94	应用宝	私自收集个人信息
					私自共享给第三方
10	暖暖直播	广州赛驷网络科技有限公司	3.1.1	官网	私自收集个人信息
					强制用户使用定向推送功能
					账号注销难
11	起点直播	揭阳市铭弘网络科技有限公司	3.6.4	应用宝	强制用户使用定向推送功能

续表

序号	软件名称	企业名称	版本	版本来源	所涉问题
12	学霸君 1对1	上海谦问万答吧云计算科技有限公司	5.7.0	应用宝	私自共享给第三方
13	微唱－原创音乐	北京精奇互动科技有限公司	1.1.0	官网	私自收集个人信息
					强制用户使用定向推送功能
					不给权限不让用
					过度索取权限
					账号注销难
14	MORE 体育生活媒体	北京魔尔体育科技有限公司	1.7.2	官网	私自收集个人信息
15	潮信	上海聊聊网络科技有限公司	3.0.6	应用宝	私自收集个人信息
					私自共享给第三方
					强制用户使用定向推送功能
					不给权限不让用
16	人人视频	武汉映象网络科技有限公司	4.2.9	官网	私自收集个人信息
					私自共享给第三方
					过度索取权限
17	in	杭州九言科技股份有限公司	3.4.40	官网	私自收集个人信息
					不给权限不让用
					过度索取权限
					账号注销难
18	nice	北京极赞科技有限公司	5.4.23	官网	频繁申请权限
					过度索取权限
19	薄荷健康	上海薄荷信息科技有限公司	7.4.1.1	应用宝	私自共享给第三方
20	触手直播	杭州开迅科技有限公司	5.6.0	官网	私自收集个人信息
					私自共享给第三方
					过度索取权限
21	春雨计步器	北京春雨天下软件有限公司	2.5.4	官网	账号注销难
22	高铁管家 12306 火车票	深圳市活力天汇科技股份有限公司	7.2.6.2	官网	过度索取权限
					账号注销难
23	好大夫在线	互动峰科技（北京）有限公司	6.6.3	官网	不给权限不让用
24	界面新闻	上报界面（北京）网络科技有限公司	6.6.2.0	官网	私自收集个人信息
25	看看新闻	看东方（上海）传媒有限公司	5.5.2	应用宝	账号注销难

续表

序号	软件名称	企业名称	版本	版本来源	所涉问题
26	每日优鲜	北京每日优鲜电子商务有限公司	9.7.3	官网	超范围收集个人信息
					不给权限不让用
27	通话录音	通话录音	2.0.80.2	官网	过度索取权限
28	优星库	前锋锐吉（北京）传媒有限公司	2.0.14	官网	私自共享给第三方
					账号注销难
29	珍爱网	深圳市珍爱网信息技术有限公司	6.26.6	应用宝	超范围收集个人信息
30	智学网	安徽知学科技有限公司	1.8.1783	官网	不给权限不让用
31	追书神器	上海元聚网络科技有限公司	4.48.1	应用宝	私自共享给第三方
					不给权限不让用
					过度索取权限
					账号注销难
32	Moto 文件管理器	济源市网云软件科技有限公司	4.1.8.7.1	西西软件园	私自收集个人信息
					不给权限不让用
					过度索取权限
33	Party.io	Rooster Games	1.0.2	西西软件园	私自收集个人信息
					过度索取权限
34	变形大作战	北京易网科技有限公司	1.0	零度软件园	私自收集个人信息
					过度索取权限
35	波波视频	北京宇晨亿荣网络科技有限公司	5.9.2	应用宝	过度索取权限
36	互动作业帮	杭州锦航网络科技有限公司	3.5.2	太平洋电脑网	私自收集个人信息
					过度索取权限
					账号注销难
37	铜镜	铜镜	2.4	飞翔下载	私自收集个人信息
					不给权限不让用
					过度索取权限
					账号注销难
38	玩呗斗牌	深圳市玩呗娱乐科技有限公司	1.3.0	豌豆荚	私自收集个人信息
					过度索取权限
39	中文版 PS	毕节四通汽车租赁有限公司	1.0.13	太平洋电脑网	私自收集个人信息
					过度索取权限
40	吉吉影音	厦门人众智游网络科技有限公司	3.5.2	豌豆荚	过度索取权限
41	砍好货	北京杰仕人生服饰有限公司	2.1.6	安智市场	私自收集个人信息
					过度索取权限

（二）关于下架第一批侵害用户权益 App 名单的通报

2019 年 12 月 19 日，我部向社会通报了 41 家存在侵害用户权益行为 App 企业的名单。截至目前，经第三方检测机构核查复检，尚有 3 款 App 未按要求完成整改（名单见附件）。依据《中华人民共和国网络安全法》和《移动智能终端应用软件预置和分发管理暂行规定》（工信部信管〔2016〕407 号）等法律和规范性文件要求，我部组织对上述 App 进行下架。相关应用商店应在本通报发布后，立即组织对名单中应用软件进行下架处理。

已经完成整改的 App，应于 2020 年 1 月 6 日 12 点前，在相关渠道更新整改后的 App 版本。

附件：下架的应用软件名单（第一批）

工业和信息化部信息通信管理局

2020 年 1 月 3 日

下架的应用软件名单（第一批）

序号	软件名称	企业名称	下架版本
1	人人视频	武汉映象网络科技有限公司	4.3.3/4.3.4
2	春雨计步器	北京春雨天下软件有限公司	2.5.4
3	微唱 - 原创音乐	北京精奇互动科技有限公司	1.1.0

（三）关于侵害用户权益行为的 App 通报（第二批）

根据《工业和信息化部关于开展 App 侵害用户权益专项整治工作的通知》要求，我部按计划、分阶段、稳步推进 App 侵害用户权益专项整治行动，专项行动期间，第一批未按要求完成整改的 3 家企业，已于 1 月 3 日依法组织下架。

现将第二批发现存在问题且未完成整改的 15 款 App 向社会通报（详见附件）。上述 App 应在 2020 年 1 月 17 日前完成整改落实工作，逾期不整改的，我部将依法依规组织开展相关处置工作。

下一步，我部将以此次专项整治行动为契机，持续加强 App 监督检查，形成常态化监管机制，切实维护用户权益。

附件：存在问题的应用软件名单（第二批）

工业和信息化部信息通信管理局

2020 年 1 月 8 日

存在问题的应用软件名单（第二批）

<table>
<tr><th>序号</th><th>软件名称</th><th>企业名称</th><th>版本</th><th>版本来源</th><th>所涉问题</th></tr>
<tr><td>1</td><td>拉勾招聘</td><td>北京拉勾网络技术有限公司</td><td>7.31.0</td><td>应用宝</td><td>私自收集个人信息</td></tr>
<tr><td rowspan="2">2</td><td rowspan="2">天涯社区</td><td rowspan="2">天涯社区网络科技股份有限公司</td><td rowspan="2">6.9.7</td><td rowspan="2">官网</td><td>不给权限不让用</td></tr>
<tr><td>过度索取权限</td></tr>
<tr><td>3</td><td>风行视频</td><td>北京风行在线技术有限公司</td><td>3.6.1.1</td><td>应用宝</td><td>不给权限不让用</td></tr>
<tr><td rowspan="3">4</td><td rowspan="3">一点资讯</td><td rowspan="3">北京一点网聚科技有限公司</td><td rowspan="3">5.2.1.0</td><td rowspan="3">应用宝</td><td>私自收集个人信息</td></tr>
<tr><td>私自共享给第三方</td></tr>
<tr><td>过度索取权限</td></tr>
<tr><td>5</td><td>飞贷</td><td>深圳中兴飞贷金融科技有限公司</td><td>6.3.9</td><td>应用宝</td><td>不给权限不让用</td></tr>
<tr><td rowspan="2">6</td><td rowspan="2">云南招考</td><td rowspan="2">云南尚雅科技文化有限公司</td><td rowspan="2">2.1.4</td><td rowspan="2">应用宝</td><td>私自收集个人信息</td></tr>
<tr><td>不给权限不让用</td></tr>
<tr><td rowspan="2">7</td><td rowspan="2">寒山闻钟</td><td rowspan="2">苏州世纪飞越网络信息有限公司</td><td rowspan="2">2.5</td><td rowspan="2">应用宝</td><td>私自共享给第三方</td></tr>
<tr><td>账号注销难</td></tr>
<tr><td rowspan="3">8</td><td rowspan="3">爱青岛</td><td rowspan="3">青岛市广播电视台</td><td rowspan="3">5.2</td><td rowspan="3">应用宝</td><td>私自收集个人信息</td></tr>
<tr><td>私自共享给第三方</td></tr>
<tr><td>账号注销难</td></tr>
<tr><td rowspan="2">9</td><td rowspan="2">江油都市网</td><td rowspan="2">江油阳光都市网络科技有限公司</td><td rowspan="2">4.7.6</td><td rowspan="2">应用宝</td><td>私自收集个人信息</td></tr>
<tr><td>不给权限不让用</td></tr>
<tr><td>10</td><td>快视频</td><td>厦门梭哈互动网络科技有限公司</td><td>1.0.8</td><td>应用宝</td><td>私自共享给第三方</td></tr>
<tr><td rowspan="3">11</td><td rowspan="3">男衣库</td><td rowspan="3">深圳高飞传媒有限公司</td><td rowspan="3">3.0.28</td><td rowspan="3">应用宝</td><td>私自收集个人信息</td></tr>
<tr><td>私自共享给第三方</td></tr>
<tr><td>过度索取权限</td></tr>
<tr><td rowspan="4">12</td><td rowspan="4">知米背单词</td><td rowspan="4">杭州蓝脑教育科技有限公司</td><td rowspan="4">4.9.7</td><td rowspan="4">应用宝</td><td>私自收集个人信息</td></tr>
<tr><td>私自共享给第三方</td></tr>
<tr><td>不给权限不让用</td></tr>
<tr><td>账号注销难</td></tr>
<tr><td>13</td><td>luckin coffee</td><td>瑞幸咖啡信息技术（厦门）有限公司</td><td>3.2.2</td><td>应用宝</td><td>私自收集个人信息</td></tr>
</table>

续表

序号	软件名称	企业名称	版本	版本来源	所涉问题
14	绿城生活	绿城物业服务集团有限公司	4.9.1	应用宝	私自收集个人信息 私自共享给第三方
15	金程网校旗舰版	上海金程教育培训有限公司	2.2.3	应用宝	私自共享给第三方

（四）关于侵害用户权益行为的 App 通报（2020 年第一批）

依据《中华人民共和国网络安全法》《中华人民共和国电信条例》《电信和互联网用户个人信息保护规定》等法律法规，我部近期组织第三方检测机构对手机应用软件进行检查，对发现存在问题的企业进行督促整改。截至目前，尚有 16 款 App 未完成整改（详见附件）。上述 App 应在 5 月 25 日前完成整改落实工作，逾期不整改的，我部将依法依规组织开展相关处置工作。

附件：存在问题的应用软件名单（2020 年第一批）

工业和信息化部信息通信管理局

2020 年 5 月 14 日

存在问题的应用软件名单（2020年第一批）

序号	软件名称	企业名称	版本	版本来源	所涉问题
1	租租车	广州力挚网络科技有限公司	5.4.200421	OPPO 软件商店	私自收集个人信息 私自共享给第三方
2	店长直聘	北京人聚人网络技术有限公司	4.382	OPPO 软件商店	私自收集个人信息
3	1 药网	广东壹号大药房连锁有限公司	5.9.4	应用宝	私自收集个人信息 私自共享给第三方
4	步多多	上海序言泽网络科技有限公司	1.2.7	OPPO 软件商店	私自收集个人信息
5	知乎日报	北京智者天下科技有限公司	3.3.0	OPPO 软件商店	私自收集个人信息
6	当当	北京当当网信息技术有限公司	10.4.1	应用宝	私自收集个人信息 超范围收集个人信息 不给权限不让用

续表

序号	软件名称	企业名称	版本	版本来源	所涉问题
7	e 代驾	北京亿心宜行汽车技术开发服务有限公司	9.7.1	OPPO 软件商店	私自收集个人信息
					私自共享给第三方
					强制用户使用定向推送功能
					过度索取权限
8	好医生	北京健康在线技术开发有限公司	5.4.4	华为应用市场	私自收集个人信息
					强制用户使用定向推送功能
9	千千音乐	深圳太乐文化科技有限公司	8.2.0	官网	私自收集个人信息
					超范围收集个人信息
					不给权限不让用
					账号注销难
10	惠租车	上海途顺网络科技有限公司	4.8.9	官网	私自共享给第三方
					强制用户使用定向推送功能
					不给权限不让用
					过度索取权限
					账号注销难
11	电视家	北京家视通科技有限公司	2.6.1	应用宝	私自共享给第三方
					过度索取权限
12	彩视	迅捷联动（北京）科技有限公司	5.32.5	百度手机助手	不给权限不让用
13	七猫免费小说	上海七猫文化传媒有限公司	4.0.1	官网	私自收集个人信息
					不给权限不让用
14	WiFi 管家	上海都玩网络科技有限公司	7.0.2	百度手机助手	私自收集个人信息
					过度索取权限
15	大街	北京大杰致远信息技术有限公司	4.8.2	官网	私自收集个人信息
					超范围收集个人信息
					过度索取权限
					账号注销难

续表

序号	软件名称	企业名称	版本	版本来源	所涉问题
16	哎呦有型	上海赢欢电子商务有限公司	3.4.9	官网	私自收集个人信息
					超范围收集个人信息
					过度索取权限

（五）关于侵害用户权益行为的 App 通报（2020 年第二批）

依据《中华人民共和国网络安全法》《中华人民共和国电信条例》《电信和互联网用户个人信息保护规定》等法律法规，我部近期组织第三方检测机构对手机应用软件进行检查，对发现存在问题的企业进行督促整改。截至目前，尚有 15 款 App 未完成整改（详见附件）。上述 App 应在 7 月 14 日前完成整改落实工作，逾期不整改的，我部将依法依规组织开展相关处置工作。

附件：存在问题的应用软件名单（2020 年第二批）

工业和信息化部信息通信管理局

2020 年 7 月 2 日

存在问题的应用软件名单（2020年第二批）

序号	软件名称	企业名称	版本	版本来源	所涉问题
1	智慧树	北京环宇万维科技有限公司	P_Final_7.0.5	360 手机助手	过度索取权限
2	ClassIn	北京翼鸥教育科技有限公司	3.0.7.1	小米应用商店	不给权限不让用
					过度索取权限
3	TutorABC	北京创意麦奇教育信息咨询有限公司	4.0.3	PP 助手	私自收集个人信息
					超范围收集个人信息
					私自共享给第三方
					强制用户使用定向推送功能
					频繁申请权限
					过度索取权限
4	纳米盒	上海进馨网络科技有限公司	6.6	华为应用市场	私自收集个人信息
					强制用户使用定向推送功能
					过度索取权限

续表

序号	软件名称	企业名称	版本	版本来源	所涉问题
5	乐学高考	北京乐学创想教育科技有限公司	3.5.2	应用宝	私自收集个人信息 强制用户使用定向推送功能
6	旅行世界	深圳市加游丫科技有限公司	1.6.2	应用宝	私自收集个人信息
7	游民星空	石家庄友曼网络科技有限公司	5.5.23	小米应用商店	私自收集个人信息 账号注销难
8	洋葱学院	光合新知（北京）科技有限公司	5.30.1	搜狗手机助手	私自收集个人信息 私自共享给第三方 过度索取权限
9	小盒家长	北京知识印象科技有限公司	5.0.25	vivo 应用商店	私自收集个人信息 强制用户使用定向推送功能
10	小盒学生	北京作业盒子科技有限公司	4.1.34	vivo 应用商店	私自收集个人信息 私自共享给第三方
11	WIFI 信号增强器	杭州赛众信息技术有限公司	4.2.1	应用宝	私自收集个人信息 超范围收集个人信息
12	有车以后	广州市有车以后信息科技有限公司	4.26.0	小米应用商店	私自收集个人信息 私自共享给第三方
13	乐教乐学	北京世纪飞育软件有限责任公司	1.0.216	360 手机助手	不给权限不让用
14	悟饭游戏厅	嘉兴游辰网络科技有限公司	4.6.6	官网	超范围收集个人信息 私自共享给第三方 强制用户使用定向推送功能 过度索取权限 账号注销难
15	彩云小译	北京彩彻区明科技有限公司	2.6.4	应用宝	私自共享给第三方

（六）关于侵害用户权益行为的 App 通报（2020 年第三批）

依据《中华人民共和国网络安全法》《中华人民共和国电信条例》《电信和互联网用户个人信息保护规定》等法律法规，我部近期组织第三方检测机构对手机应用软件进行检查，督促存在问题的企业进行整改。截至目前，尚有 58 款 App 未完成整改（详见附件）。上述 App 应在 7 月 30 日前完成整改落实工作，逾期不整改的，我部将依法依规组织开展相关处置工作。

此次检测中，部分移动应用分发平台管理主体责任缺位，未严格落实我部《移动智能终端应用软件预置和分发管理暂行规定》（工信部信管〔2016〕407 号）要求，对上架 App 审核把关不严，7 月 22 日，已对相关企业进行了集中约谈，后续对问题突出、有令不行、整改不彻底的企业依法严厉处置。

附件：存在问题的应用软件名单（2020 年第三批）

工业和信息化部信息通信管理局

2020 年 7 月 24 日

存在问题的应用软件名单（2020年第三批）

序号	软件名称	企业名称	版本	版本来源	所涉问题
1	狐友	北京搜狐互联网信息服务有限公司	5.6.0	应用宝	私自收集个人信息
2	大角虫漫画	上海童石网络科技股份有限公司	3.9.5	应用宝	私自共享给第三方
					强制用户使用定向推送功能
					账号注销难
3	球球大作战	上海巨人网络科技有限公司	12.1.2	小米应用商店	私自收集个人信息
					过度索取权限
4	车到哪 - 实时公交地铁神器	深圳市陌问科技有限公司	2.6.5.1	豌豆荚	私自共享给第三方
					不给权限不让用
					账号注销难
5	天弘基金	天弘基金管理有限公司	4.2.1.20858	应用宝	超范围收集个人信息
6	小鹅花钱	深圳前海微众银行股份有限公司		微信小程序	私自收集个人信息
					账号注销难
7	展恒基金	北京展恒基金销售股份有限公司	5.2.5	百度手机助手	过度索取权限
					账号注销难
8	讯飞有声	科大讯飞股份有限公司	2.3.3035	应用宝	私自共享给第三方
9	嘟嘟美女直播	巨人网络集团股份有限公司	2.9.4	豌豆荚	超范围收集个人信息
					私自共享给第三方
					账号注销难

续表

序号	软件名称	企业名称	版本	版本来源	所涉问题
10	闪电盒子	北京流体网络科技有限公司	5.6.1.0	安粉丝	超范围收集个人信息
11	麦咭 TV	湖南金鹰卡通传媒有限公司	3.2.2	豌豆荚	私自共享给第三方
					不给权限不让用
					过度索取权限
					账号注销难
12	路虎	捷豹路虎（中国）投资有限公司	3.7.9	应用宝	私自共享给第三方
13	现金宝	汇添富基金管理股份有限公司	6.00	应用宝	过度索取权限
14	去哪儿网	北京趣拿信息技术有限公司	9.0.9	豌豆荚	账号注销难
15	魔题库	江西软云科技股份有限公司	MOTK_V5.2.1	官网	过度索取权限
					账号注销难
16	39 互联网医院	贵阳朗玛信息技术股份有限公司	0.5.04	应用宝	过度索取权限
17	小花钱包	小花互联网金融服务（深圳）有限公司	5.1.8.1	应用宝	私自共享给第三方
18	华夏基金管家	华夏基金管理有限公司	5.0.1	百度手机助手	私自收集个人信息
					超范围收集个人信息
					私自共享给第三方
19	还呗	重庆分众小额贷款有限公司	5.5.0	应用宝	私自共享给第三方
20	爱婴室	上海爱婴室商务服务股份有限公司	5.8.5	vivo 应用商店	私自收集个人信息
					私自共享给第三方
					不给权限不让用
					过度索取权限
21	储蓄罐	上海好买基金销售有限公司	6.1.8	应用宝	账号注销难
22	宜搜漫画	深圳宜搜天下科技股份有限公司	1.3.2	豌豆荚	私自收集个人信息
					超范围收集个人信息
					私自共享给第三方
					过度索取权限
					账号注销难

续表

序号	软件名称	企业名称	版本	版本来源	所涉问题
23	博时基金	博时基金管理有限公司	4.6.1	豌豆荚	不给权限不让用
24	一米工作	无锡一米网络有限公司	7.2.3	游戏狗	私自收集个人信息
					私自共享给第三方
					过度索取权限
					账号注销难
25	VISTA 看天下	北京看天下网络科技有限公司	2.18.1	百度手机助手	私自收集个人信息
					私自共享给第三方
					强制用户使用定向推送功能
					过度索取权限
26	宾果消消消®	北京柠檬微趣科技股份有限公司	7.5.1	搜狗手机助手	私自收集个人信息
					超范围收集个人信息
					频繁申请权限
					过度索取权限
					账号注销难
27	玩吧	北京默契破冰科技有限公司	10.4.7	360 手机助手	私自收集个人信息
					私自共享给第三方
					强制用户使用定向推送功能
28	世纪佳缘	上海花千树信息科技有限公司	8.19.2	vivo 应用商店	私自收集个人信息
					私自共享给第三方
					强制用户使用定向推送功能
29	迅雷直播	深圳市迅雷网络技术有限公司	3.50.901	豌豆荚	私自收集个人信息
					私自共享给第三方
					不给权限不让用
30	糖猫	北京搜狗科技发展有限公司	5.2.7.2020.7193	百度手机助手	私自收集个人信息
31	360 省电王	成都安易迅科技有限公司	7.0.1	360 手机助手	私自收集个人信息
32	多闪	北京拍拍看看科技有限公司	2.2.1	360 手机助手	强制用户使用定向推送功能

续表

序号	软件名称	企业名称	版本	版本来源	所涉问题
33	快狗打车	天津五八到家货运服务有限公司	5.9.8	百度手机助手	私自收集个人信息
					私自共享给第三方
					频繁申请权限
					过度索取权限
34	房多多	深圳市房多多网络科技有限公司	14.1.0	PP 助手	私自收集个人信息
					超范围收集个人信息
					私自共享给第三方
					强制用户使用定向推送功能
					频繁申请权限
35	B612 咔叽	亿睿科信息技术（北京）有限公司	9.7.0	360 手机助手	私自收集个人信息
					私自共享给第三方
36	更美	北京完美创意科技有限公司	7.30.2	360 手机助手	私自收集个人信息
					强制用户使用定向推送功能
					不给权限不让用
					过度索取权限
					账号注销难
37	蓝舞者	上海若安文化传播有限公司	3.4.3	PP 助手	私自收集个人信息
					私自共享给第三方
					强制用户使用定向推送功能
					不给权限不让用
					频繁申请权限
					过度索取权限
38	买单吧	交通银行股份有限公司太平洋信用卡中心	4.6.2	豌豆荚	强制用户使用定向推送功能
					不给权限不让用
					过度索取权限
					账号注销难
39	和讯财经	北京和讯在线信息咨询服务有限公司	7.2.4	小米应用商店	私自共享给第三方
40	和讯期货	北京和讯在线信息咨询服务有限公司	3.2.5	小米应用商店	私自共享给第三方

续表

序号	软件名称	企业名称	版本	版本来源	所涉问题
41	微锁屏	威洛克科技（北京）有限公司	4.1.68	木蚂蚁应用市场	私自收集个人信息
					私自共享给第三方
42	加油宝	加油宝金融科技服务（深圳）有限公司	6.7.2	OPPO 软件商店	私自共享给第三方
43	青客租房	上海青客电子商务有限公司	7.9.4	官网	账号注销难
44	乐游	福建乐游网络科技有限公司	4.3.0	官网	不给权限不让用
					账号注销难
45	倩女手游助手	广州博冠信息科技有限公司	1.0.6	豌豆荚	私自收集个人信息
					过度索取权限
46	网易游戏论坛	广州博冠信息科技有限公司	3.2.0	豌豆荚	私自收集个人信息
					过度索取权限
47	完美世界影城	北京完美世界影院管理有限公司	4.9.1	应用宝	私自收集个人信息
					超范围收集个人信息
					私自共享给第三方
					不给权限不让用
48	易乐玩	湖北盛天网络技术股份有限公司	2.0.9	应用宝	私自收集个人信息
					强制用户使用定向推送功能
49	荔枝新闻	江苏长江传媒有限责任公司	7.06	百度手机助手	私自共享给第三方
					强制用户使用定向推送功能
					频繁申请权限
					过度索取权限
					账号注销难
50	小朋管家	深圳市小朋科技服务有限公司	3.1.6	小米应用商店	私自共享给第三方
					频繁申请权限
					过度索取权限
51	速聘 58 赶集网招聘	北京五八信息技术有限公司	1.2.0.0	应用宝	私自收集个人信息
					私自共享给第三方
					过度索取权限
52	第一视频	第一视频通信传媒有限公司	8.8.1000	百度手机助手	过度索取权限
					账号注销难

续表

<table>
<tr><th>序号</th><th>软件名称</th><th>企业名称</th><th>版本</th><th>版本来源</th><th>所涉问题</th></tr>
<tr><td rowspan="4">53</td><td rowspan="4">MUST</td><td rowspan="4">巨人网络集团股份有限公司</td><td rowspan="4">2.07.66</td><td rowspan="4">百度手机助手</td><td>私自收集个人信息</td></tr>
<tr><td>超范围收集个人信息</td></tr>
<tr><td>过度索取权限</td></tr>
<tr><td>账号注销难</td></tr>
<tr><td rowspan="5">54</td><td rowspan="5">唔哩头条</td><td rowspan="5">北京唔哩网络技术有限公司</td><td rowspan="5">7.0.8</td><td rowspan="5">应用宝</td><td>私自收集个人信息</td></tr>
<tr><td>超范围收集个人信息</td></tr>
<tr><td>私自共享给第三方</td></tr>
<tr><td>过度索取权限</td></tr>
<tr><td>账号注销难</td></tr>
<tr><td rowspan="3">55</td><td rowspan="3">松果文档</td><td rowspan="3">北京多声部科技有限公司</td><td rowspan="3">0.18.0</td><td rowspan="3">小米应用商店</td><td>私自收集个人信息</td></tr>
<tr><td>私自共享给第三方</td></tr>
<tr><td>不给权限不让用</td></tr>
<tr><td rowspan="3">56</td><td rowspan="3">Wifi密码读取器</td><td rowspan="3"></td><td rowspan="3">1.7.1</td><td rowspan="3">豌豆荚</td><td>超范围收集个人信息</td></tr>
<tr><td>私自共享给第三方</td></tr>
<tr><td>过度索取权限</td></tr>
<tr><td>57</td><td>手机毒霸</td><td>北京金山安全软件有限公司</td><td>3.5.0</td><td>应用宝</td><td>过度索取权限</td></tr>
<tr><td>58</td><td>小叶子陪练（钢琴陪练）</td><td>小叶子（北京）科技有限公司</td><td>3.3.1</td><td>应用宝</td><td>私自收集个人信息</td></tr>
</table>

（七）关于下架侵害用户权益 App 名单的通报

2020 年 7 月 24 日，我部向社会通报了 58 家存在侵害用户权益行为 App 企业的名单。截至目前，经第三方检测机构核查复检，尚有 8 款 App 未按要求完成整改（名单见附件）。依据《中华人民共和国网络安全法》和《移动智能终端应用软件预置和分发管理暂行规定》（工信部信管〔2016〕407 号）等法律和规范性文件要求，我部组织对上述 App 进行下架。

相关应用商店应在本通报发布后，立即组织对名单中应用软件进行下架处理。

附件：下架的应用软件名单

工业和信息化部信息通信管理局

2020 年 8 月 19 日

下架的应用软件名单

序号	软件名称	企业名称	下架版本
1	VISTA 看天下	北京看天下网络科技有限公司	2.19.1
2	蓝舞者	上海若安文化传播有限公司	3.4.4
3	39 互联网医院	贵阳朗玛信息技术股份有限公司	0.5.06
4	乐游	福建乐游网络科技有限公司	4.3.0
5	松果文档	北京多声部科技有限公司	0.18.0
6	大角虫漫画	上海童石网络科技股份有限公司	3.9.5
7	宜搜漫画	深圳宜搜天下科技股份有限公司	1.3.2
8	一米工作	无锡一米网络有限公司	7.2.3/7.3.1

（八）关于侵害用户权益行为的 App 通报（2020 年第四批）

依据《中华人民共和国网络安全法》《中华人民共和国电信条例》《电信和互联网用户个人信息保护规定》等法律法规，我部近期组织第三方检测机构对手机应用软件进行检查，督促存在问题的企业进行整改。截至目前，尚有 101 款 App 未完成整改（详见附件）。上述 App 应在 9 月 7 日前完成整改落实工作，逾期不整改的，我部将依法依规组织开展相关处置工作。

此次检测中，应用宝、豌豆荚、小米应用商店等部分移动应用分发平台管理主体责任缺位，对上架 App 审核把关不严，检测发现问题较多，未严格落实我部《移动智能终端应用软件预置和分发管理暂行规定》（工信部信管〔2016〕407 号）要求，后续我部将对问题突出、有令不行、整改不彻底的企业依法严厉处置。

附件：存在问题的应用软件名单（2020 年第四批）

工业和信息化部信息通信管理局

2020 年 8 月 31 日

存在问题的应用软件名单（2020年第四批）

序号	应用名称	应用开发者	应用来源	应用版本	所涉问题
1	海淘免税店	杭州橙子信息科技有限公司	小米应用商店	3.8.8	违规收集个人信息

续表

序号	应用名称	应用开发者	应用来源	应用版本	所涉问题
2	黄油相机	北京缪客科技有限公司	应用宝	7.7.1	违规收集个人信息
3	爱又米	爱财科技有限公司	应用宝	4.5.8	违规收集个人信息
					违规使用个人信息
4	今日校园	江苏金智教育信息股份有限公司	安智市场	8.2.2	违规收集个人信息
5	考研帮	北京学而思教育科技有限公司	应用宝	3.7.0	违规收集个人信息
6	红板报	凡博（北京）科技有限公司	安智市场	5.1.21	违规收集个人信息
					违规使用个人信息
7	ZAKER新闻	广州坚和网络科技有限公司	PP 助手	8.7.2.2	违规收集个人信息
					App 强制、频繁、过度索取权限
8	熊猫看书	北京幻想纵横网络技术有限公司	PP 助手	8.9.3.09	违规收集个人信息
					违规使用个人信息
9	蛋壳公寓	紫梧桐（北京）资产管理有限公司	应用宝	1.39.200814	违规收集个人信息
10	多多小说	上海书漫网络科技有限公司	OPPO 软件商店	2.4.1	违规使用个人信息
11	轻松筹	北京轻松筹网络科技有限公司	应用宝	4.7.7	违规收集个人信息
					违规使用个人信息
12	省钱快报	北京云动九天科技有限公司	应用宝	2.17.91	违规收集个人信息
					违规使用个人信息
13	新氧医美	北京新氧科技有限公司	PP 助手	8.7.1	违规使用个人信息
					App 强制、频繁、过度索取权限
14	我查查	我查查信息技术（上海）有限公司	小米应用商店	9.6.2	违规收集个人信息
15	蜗牛睡眠	赛博龙科技（北京）有限公司	小米应用商店	5.0.2	违规收集个人信息
					违规使用个人信息
16	小咖秀	炫一下（北京）科技有限公司	小米应用商店	3.0.6	违规收集个人信息

续表

序号	应用名称	应用开发者	应用来源	应用版本	所涉问题
17	优衣库	迅销（中国）商贸有限公司	小米应用商店	4.6.9	违规收集个人信息
18	网易公开课	网易传媒科技（北京）有限公司	豌豆荚	7.9.2	违规收集个人信息
19	摇钱花	广州仁诺互联网小额贷款有限公司	百度手机助手	2.12.0	违规收集个人信息
					违规使用个人信息
					强制用户使用定向推送功能
20	折 800	团博百众（北京）科技有限公司	华为应用市场	4.80.3	违规收集个人信息
21	会说话的汤姆猫 2	广州金科文化科技有限公司	360 手机助手	5.3.13.408	违规收集个人信息
					App 强制、频繁、过度索取权限
					欺骗误导用户下载 App
					应用分发平台上的 App 信息明示不到位
22	好省	杭州嘉洁网络科技有限公司	vivo 应用商店	3.3.7.0	违规收集个人信息
23	阿卡索英语	深圳市阿卡索资讯股份有限公司	小米应用商店	4.1.5	违规收集个人信息
24	宝宝树孕育	宝宝树（北京）信息技术有限公司	小米应用商店	8.33.0	违规收集个人信息
25	斗米	北京世诚优聘科技发展有限公司	360 手机助手	6.9.7	违规收集个人信息
					违规使用个人信息
26	驾考宝典	武汉木仓科技股份有限公司	360 手机助手	7.8.5	强制用户使用定向推送功能
27	每日瑜伽	西安瑜乐文化科技股份有限公司	360 手机助手	8.1.0.5	违规收集个人信息
28	美丽说	美丽联合（北京）科技有限公司	豌豆荚	10.6.4.2437	违规收集个人信息
					违规使用个人信息
29	粤师通	广州粤师通教育发展咨询有限公司	小米应用商店	1.0.12	违规收集个人信息
30	小爱音箱	北京小米移动软件有限公司	小米应用商店	2.2.31	App 强制、频繁、过度索取权限

续表

序号	应用名称	应用开发者	应用来源	应用版本	所涉问题
31	乐涂数字填色	北京乐信圣文科技有限责任公司	vivo 应用商店	2.40.32	违规收集个人信息
32	有记大姨妈	濮信科技（厦门）有限公司	应用宝	1.4.7	应用分发平台上的 App 信息明示不到位
33	助力钱包	上海融劢科技有限公司	豌豆荚	2.8.9	违规收集个人信息
					超范围收集个人信息
					违规使用个人信息
34	火萤视频壁纸	北京优友动量网络技术有限公司	安智市场	7.9.3	违规收集个人信息
					违规使用个人信息
35	恒易贷	北京网众共创科技有限公司	应用宝	3.6.5	违规收集个人信息
					违规使用个人信息
					强制用户使用定向推送功能
36	好分数	北京修齐治平科技有限公司	应用宝	4.10.0	违规收集个人信息
					违规使用个人信息
					App 强制、频繁、过度索取权限
37	视频剪辑大师	广州飞磨科技有限公司	华为应用市场	2.6.2	违规收集个人信息
38	嗖嗖身边	北京嗖嗖快跑科技有限公司	豌豆荚	4.3.6	违规收集个人信息
					违规使用个人信息
					App 强制、频繁、过度索取权限
39	安智市场	北京力天无限网络技术有限公司	安智官网	6.6.8	违规收集个人信息
40	借钱花吧	安徽融科信达信用服务有限公司	vivo 应用商店	2.6.3	违规收集个人信息
41	善宜家	河北伦奇网络科技有限公司	vivo 应用商店	1.4.2.0	违规收集个人信息
42	多多好券	重庆翔趣网络科技有限公司	OPPO 软件商店	1.5	违规收集个人信息
					违规使用个人信息
43	辛大叔交友	安徽辛大叔网络科技有限公司	OPPO 软件商店	2.1.8	违规收集个人信息

续表

序号	应用名称	应用开发者	应用来源	应用版本	所涉问题
44	店小铺商家	安徽智迈科技股份有限公司	OPPO 软件商店	2.2.8	违规收集个人信息
45	你今天真好看	杭州以息互联网科技有限公司	小米应用商店	2.0.8.0	违规收集个人信息
46	喝水赚钱	深圳市掌捷科技有限公司	豌豆荚	1.9.6	违规收集个人信息
47	小驴当家	宁波市商联岛企业管理服务有限公司	豌豆荚	5.6.4	App 强制、频繁、过度索取权限
48	完美校园	完美数联（北京）科技有限公司	豌豆荚	5.2.5	违规收集个人信息
					App 强制、频繁、过度索取权限
49	掌上温州	温州日报报业集团有限公司都市报分公司	360 手机助手	3.5.4	违规收集个人信息
					App 强制、频繁、过度索取权限
50	掼蛋	杭州边锋网络技术有限公司	360 手机助手	7.0.21	App 强制、频繁、过度索取权限
51	果冻宝盒	武汉万行宝盒科技有限公司	豌豆荚	3.1.8	违规收集个人信息
52	爱任务	湖南巨推网络科技有限公司	应用宝	2.8.4	违规收集个人信息
53	二童网	北京聚源百成网络科技有限公司	应用宝	2.2.5	违规收集个人信息
54	三天情侣处CP	深圳沃客科技有限公司	豌豆荚	4.1.4	违规收集个人信息
					App 强制、频繁、过度索取权限
55	挑挑	成都计划世进人工智能科技有限公司	豌豆荚	3.0.5	违规收集个人信息
					App 强制、频繁、过度索取权限
56	充多多	上海希幽信息科技有限公司	豌豆荚	1.4.0	违规收集个人信息
57	影视大全	金华锦尚科技有限公司	搜狗手机助手	3.5.8	超范围收集个人信息
					强制用户使用定向推送功能
					App 强制、频繁、过度索取权限

续表

序号	应用名称	应用开发者	应用来源	应用版本	所涉问题
58	懂表帝	深圳成子科技有限公司	小米应用商店	3.1.5	违规使用个人信息 强制用户使用定向推送功能 App 强制、频繁、过度索取权限
59	浅言	上海渠杰信息科技有限公司	应用宝	7.1.5	违规收集个人信息 超范围收集个人信息 违规使用个人信息
60	蚂蚁短租	易云游网络技术（北京）有限公司	应用宝	7.0.0	违规收集个人信息 强制用户使用定向推送功能
61	安卓读书	福州佳软软件技术有限公司	华为应用市场	6.8.2	违规收集个人信息 超范围收集个人信息
62	有妖气漫画	北京四月星空网络技术有限公司	搜狗手机助手	5.3.0	违规收集个人信息 App 强制、频繁、过度索取权限
63	云之家	深圳云之家网络有限公司	搜狗手机助手	10.4.5	违规使用个人信息 App 强制、频繁、过度索取权限
64	英语趣配音	杭州菲助科技有限公司	搜狗手机助手	7.28.0	违规使用个人信息 强制用户使用定向推送功能
65	互助文档	北京云扬智风信息技术有限公司	OPPO 手机助手	5.15.9	违规使用个人信息 App 强制、频繁、过度索取权限
66	拾柒	拾柒网络技术（北京）有限公司	PP 助手	5.3.0	违规收集个人信息 超范围收集个人信息 违规使用个人信息 App 强制、频繁、过度索取权限
67	快剪辑	北京奇元科技有限公司	百度手机助手	3.5.2.1014	违规收集个人信息 App 强制、频繁、过度索取权限
68	微店	北京口袋时尚科技有限公司	360 手机助手	6.1.1	违规使用个人信息

续表

序号	应用名称	应用开发者	应用来源	应用版本	所涉问题
69	小影	杭州趣维科技有限公司	360 手机助手	8.3.8	违规使用个人信息
70	小妖精美化	上海量码网络科技有限公司	360 手机助手	5.3.7.200	违规使用个人信息
71	窝牛装修	上海灵朵信息科技有限公司	360 手机助手	9.8.10	违规收集个人信息
72	土巴兔装修	深圳市彬讯科技有限公司	应用宝	8.6.2	违规使用个人信息
73	360 清理大师	北京奇虎科技有限公司	应用宝	7.1.2	违规收集个人信息
74	得物	上海识装信息科技有限公司	应用宝	4.50.0	违规使用个人信息
75	Fit 健身	上海去动网络科技有限公司	应用宝	6.4.1	违规使用个人信息
76	时光网	北京动艺时光网络科技有限公司	PP 助手	8.2.6	超范围收集个人信息
77	搜狐视频	飞狐信息技术（天津）有限公司	PP 助手	8.3.0	超范围收集个人信息
78	他趣	厦门海豹他趣信息技术股份有限公司	PP 助手	7.3.4.2	违规使用个人信息
79	有信	深圳市有信网络技术有限公司	搜狗手机助手	7.9.5	违规收集个人信息
80	贝壳网	中南出版传媒集团湖南教育出版社分公司	小米应用商店	5.5.5.2	违规收集个人信息
81	映客直播	北京蜜莱坞网络科技有限公司	小米应用商店	8.0.80	超范围收集个人信息
82	东方头条	上海新萌网络科技有限公司	华为应用市场	2.6.5	违规收集个人信息
83	稿定设计（天天向商）	厦门稿定股份有限公司	华为应用市场	4.2.5	违规使用个人信息
84	MAX+	清枫（北京）科技有限公司	百度手机助手	4.4.15	违规使用个人信息
85	藏书馆	厦门简帛云生态科技有限公司	百度手机助手	6.0.1	违规使用个人信息
86	录屏精灵	湖南机友科技有限公司	百度手机助手	1.8.6	违规收集个人信息

续表

序号	应用名称	应用开发者	应用来源	应用版本	所涉问题
87	鲨鱼记账	鲨鱼快游网络技术（北京）有限公司	百度手机助手	3.27.6	违规使用个人信息
88	VIP 陪练	上海妙克信息科技有限公司	百度手机助手	3.5.0	违规使用个人信息
89	喝水时间	合肥盛之昌网络科技有限公司	OPPO 手机助手	1.3.99	违规使用个人信息
90	锦江酒店	锦江信息技术（广州）有限公司	OPPO 手机助手	5.1.1	违规收集个人信息
91	拉风优惠	无锡拉风无限科技有限公司	OPPO 手机助手	8.9	违规收集个人信息
92	健客网上药店	广州方舟医药有限公司	OPPO 手机助手	5.3.0	超范围收集个人信息
93	V380	广州市宏视电子技术有限公司	应用宝	6.0.6	违规使用个人信息
94	超级课程表	广州超级周末科技有限公司	百度手机助手	9.6.2	违规收集个人信息
95	鱼耳直播	上海一谈网络科技有限公司	百度手机助手	3.27.2	违规使用个人信息
96	塔读小说免费版	北京易天新动网络科技有限公司	vivo 手机助手	7.42	违规收集个人信息
97	小熊录屏	北京小熊博望科技有限公司	百度手机助手	2.3.7.1	违规收集个人信息
98	NGA 玩家社区	北京智珠网络技术有限公司	豌豆荚	9.0.5	违规使用个人信息 App 强制、频繁、过度索取权限
99	安卓壁纸	北京光点图灵网络科技有限公司	豌豆荚	5.14.8	强制用户使用定向推送功能 App 强制、频繁、过度索取权限
100	VIVA 畅读	北京维旺明科技股份有限公司	豌豆荚	7.4.6	违规收集个人信息
101	美篇	南京蓝鲸人网络科技有限公司	豌豆荚	6.1.2	违规收集个人信息 违规使用个人信息

（九）关于下架侵害用户权益 App 的通报

8 月 31 日，我部向社会通报了 101 家存在侵害用户权益行为 App 企业的名单。截至目前，经第三方检测机构核查复检，尚有 23 款 App 未按要求完成整改（名单见附件）。依据《中华人民共和国网络安全法》和《移动智能终端应用软件预置和分发管理暂行规定》（工信部信管〔2016〕407 号）等法律和规范性文件要求，我部组织对上述 App 进行下架。

相关应用商店应在本通报发布后，立即组织对名单中应用软件进行下架处理。

附件：下架的应用软件名单

工业和信息化部信息通信管理局

2020 年 9 月 14 日

下架的应用软件名单

序号	应用名称	应用开发者	应用版本
1	海淘免税店	杭州橙子信息科技有限公司	3.9.0
2	爱又米	爱财科技有限公司	4.5.9
3	蛋壳公寓	紫梧桐（北京）资产管理有限公司	1.40.200907
4	多多小说	上海书漫网络科技有限公司	2.5.0
5	小咖秀	炫一下（北京）科技有限公司	3.0.7
6	好省	杭州嘉洁网络科技有限公司	3.3.8.1
7	助力钱包	上海融励科技有限公司	2.9.0
8	嗖嗖身边	北京嗖嗖快跑科技有限公司	4.3.72
9	多多好券	重庆翔趣网络科技有限公司	1.6
10	喝水赚钱	深圳市掌捷科技有限公司	2.0.0
11	小驴当家	宁波市商联岛企业管理服务有限公司	5.6.4
12	果冻宝盒	武汉万行宝盒科技有限公司	3.1.9
13	爱任务	湖南巨推网络科技有限公司	2.8.6
14	二童网	北京聚源百成网络科技有限公司	2.2.5
15	挑挑	成都计划世进人工智能科技有限公司	3.0.6
16	会说话的汤姆猫 2	广州金科文化科技有限公司	5.3.14.489
17	浅言	上海渠杰信息科技有限公司	7.1.7
18	安卓读书	福州佳软软件技术有限公司	6.8.5

续表

序号	应用名称	应用开发者	应用版本
19	窝牛装修	上海灵朵信息科技有限公司	9.9.1
20	录屏精灵	湖南机友科技有限公司	2.0.1
21	NGA 玩家社区	北京月神之箭网络科技有限公司	9.0.6
22	安卓壁纸	北京光点图灵网络科技有限公司	5.14.13
23	VIVA 畅读	北京维旺明科技股份有限公司	7.4.7

（十）关于侵害用户权益行为的 App 通报（2020 年第五批）

依据《中华人民共和国网络安全法》《中华人民共和国电信条例》《电信和互联网用户个人信息保护规定》等法律法规，按照《工业和信息化部关于开展纵深推进 App 侵害用户权益专项整治行动的通知》（工信部信管〔2020〕164 号）工作部署，我部近期组织第三方检测机构对手机应用软件进行检查，督促存在问题的企业进行整改。截至目前，尚有 131 款 App 未完成整改（详见附件），上述 App 应在 11 月 2 日前完成整改落实工作。

此次检测中，输入法类、旅游出行类、电商类、音视频类等 App 检测发现问题较多，部分应用商店及移动应用分发平台管理主体责任缺位，SDK 企业存在违规收集用户个人信息的行为。后续我部将对问题突出、有令不行、整改不彻底的相关企业，采取全面下架、停止接入、行政处罚以及纳入电信业务经营不良名单或失信名单等措施，依法严厉处置。

附件：存在问题的应用软件名单（2020 年第五批）

工业和信息化部信息通信管理局

2020 年 10 月 26 日

存在问题的应用软件名单（2020年第五批）

序号	应用名称	应用开发者	应用来源	应用版本	所涉问题
1	不折叠输入法	水印科技（深圳）有限公司	搜狗手机助手	2.2.2	违规收集个人信息
					App 强制、频繁、过度索取权限

续表

序号	应用名称	应用开发者	应用来源	应用版本	所涉问题
2	Nur 输入法	新疆连线网络科技有限公司	豌豆荚	2.6	违规使用个人信息
					App 强制、频繁、过度索取权限
3	西瓜输入法	苏州魅游网络科技有限公司	OPPO 软件商店	1.1.9.4	违规收集个人信息
4	微脉输入法	北京助梦工场科技有限公司	华为应用市场	2.2.3	违规收集个人信息
5	烘焙帮	佛山市烘焙帮信息技术有限公司	小米应用商店	5.3.8	违规收集个人信息
6	东方美食	北京东方美食研究院	vivo 应用商店	3.8.2	违规收集个人信息
7	省点	北京等等付科技有限公司	OPPO 软件商店	1.70.2	超范围收集个人信息
8	爱下厨	九阳股份有限公司	华为应用市场	5.0.14	违规收集个人信息
9	良品铺子	湖北良品铺子电子商务有限公司	OPPO 软件商店	2.13.5	违规收集个人信息
					违规使用个人信息
					强制用户使用定向推送功能
					App 强制、频繁、过度索取权限
10	有赞精选	杭州有赞科技有限公司	搜狗手机助手	5.3.1	违规收集个人信息
					App 强制、频繁、过度索取权限
11	包小省	台州清懂网络科技有限公司	百度手机助手	3.0.0	违规收集个人信息
					违规使用个人信息
12	百果园	深圳百果园实业（集团）股份有限公司	应用宝	4.1.4.1	违规收集个人信息
					App 强制、频繁、过度索取权限
13	链淘	四川安鹏网络科技有限公司	应用宝	1.9.30	违规收集个人信息
14	醒购	厦门聚买网络科技有限公司	OPPO 软件商店	2.13.2	违规收集个人信息
15	衣邦人	杭州贝嘟科技有限公司	百度手机助手	6.1.1	违规收集个人信息
					违规使用个人信息

续表

序号	应用名称	应用开发者	应用来源	应用版本	所涉问题
16	别样海外购	上海别样秀数据科技有限公司	豌豆荚	1.72.1	违规收集个人信息
17	玩物得志	杭州装点文化创意有限公司	百度手机助手	3.2.8	违规收集个人信息
					违规使用个人信息
18	红布林	致美生活（北京）科技有限公司	应用宝	3.2.3	违规收集个人信息
					强制用户使用定向推送功能
19	唯代购	广州唯品会电子商务有限公司	应用宝	4.1.0	违规收集个人信息
					强制用户使用定向推送功能
20	微拍堂鉴宝版	杭州微拍堂文化创意有限公司	vivo 应用商店	1.5.0	违规收集个人信息
					超范围收集个人信息
					强制用户使用定向推送功能
21	天天鉴宝	河南天眸网络科技有限公司	360 手机助手	3.4.8	违规收集个人信息
					超范围收集个人信息
					违规使用个人信息
					强制用户使用定向推送功能
22	东方购物	上海东方电视购物有限公司	360 手机助手	4.5.52	违规收集个人信息
					超范围收集个人信息
					强制用户使用定向推送功能
23	叮嗒出行	杭州金通互联科技有限公司	应用宝	4.9.14	违规使用个人信息
					App 强制、频繁、过度索取权限
					欺骗误导用户下载 App
24	东风出行	东风畅行科技股份有限公司	豌豆荚	5.4.4	违规收集个人信息
25	游云南	云南腾云信息产业有限公司	华为应用市场	4.6.3.500	违规收集个人信息
					强制用户使用定向推送功能
26	T3 出行	南京领行科技股份有限公司	应用宝	2.0.7	违规收集个人信息
					App 强制、频繁、过度索取权限
27	麦淘亲子	上海麦亲信息科技有限公司	应用宝	6.5.1	违规收集个人信息
					App 强制、频繁、过度索取权限

续表

序号	应用名称	应用开发者	应用来源	应用版本	所涉问题
28	永安行	永安行科技股份有限公司	PP 助手	5.2.1	强制用户使用定向推送功能
					App 强制、频繁、过度索取权限
29	悟空租车	北京悟空出行科技有限公司	OPPO 软件商店	5.4.5	违规收集个人信息
					强制用户使用定向推送功能
30	快狗打车	天津五八到家货运服务有限公司	OPPO 软件商店	5.9.14	违规收集个人信息
31	上海迪士尼乐园	霍尔果斯驴迹软件科技有限公司	华为应用市场	3.3.7	违规收集个人信息
32	蜜蜂出行	北京蜜蜂出行科技有限公司	OPPO 软件商店	6.0.10	违规收集个人信息
					超范围收集个人信息
					违规使用个人信息
					App 强制、频繁、过度索取权限
33	凯立德导航	深圳市凯立德科技股份有限公司	小米应用商店	3.7.5	违规收集个人信息
34	长安出行	重庆长安车联科技有限公司	360 手机助手	5.5.0	违规收集个人信息
					违规使用个人信息
					App 强制、频繁、过度索取权限
35	e 高速	山东高速信联科技股份有限公司	小米应用商店	4.3.7	违规使用个人信息
					强制用户使用定向推送功能
36	棉花糖直播	金华手速信息科技有限公司	小米应用商店	1.8.4	违规收集个人信息
					违规使用个人信息
37	小小影视大全	芜湖天云信息科技有限公司	华为应用市场	1.8.8	违规收集个人信息
					违规使用个人信息
38	千千音乐	北京音之邦文化科技有限公司	应用宝	8.2.2.3	违规收集个人信息
39	疯播直播	金华星秀文化传播有限公司	应用宝	2.3.5	违规收集个人信息
					违规使用个人信息
					强制用户使用定向推送功能

续表

序号	应用名称	应用开发者	应用来源	应用版本	所涉问题
40	嗨够视频直播	重庆美融网络科技有限公司	应用宝	1.0.9	违规收集个人信息 违规使用个人信息
41	虎音小视频	河南讯丰网络科技有限公司	vivo 应用商店	6.3.3	违规收集个人信息
42	刷宝短视频	海南头角信息科技有限公司	豌豆荚	2.706	违规收集个人信息 App 强制、频繁、过度索取权限
43	红包视频	北京伊云创联科技有限公司	OPPO 软件商店	3.0.0	违规收集个人信息 违规使用个人信息 App 强制、频繁、过度索取权限
44	趣看视频	杭州爆米花科技股份有限公司	豌豆荚	1.4.9.3	违规收集个人信息 欺骗误导用户下载 App 应用分发平台上的 App 信息明示不到位
45	看看视频	深圳天天看看信息技术有限公司	豌豆荚	8.1.9.0	违规收集个人信息 App 强制、频繁、过度索取权限
46	乐视视频	乐视网信息技术（北京）股份有限公司	OPPO 软件商店	9.22.4	超范围收集个人信息
47	么么直播美女视频	上海星艾网络科技有限公司	搜狗手机助手	8.5.10	违规收集个人信息 超范围收集个人信息
48	草莓视频	湖北康赢网络科技有限公司	360 手机助手	5.1.6	违规收集个人信息 强制用户使用定向推送功能 App 强制、频繁、过度索取权限
49	VLOG	宁波宇晟网络科技有限公司	百度手机助手	1.4.1	违规收集个人信息 违规使用个人信息 App 强制、频繁、过度索取权限
50	前排视频	北京一览科技有限公司	小米应用商店	2.4.10.54	违规收集个人信息 强制用户使用定向推送功能

续表

序号	应用名称	应用开发者	应用来源	应用版本	所涉问题
51	沃视频	联通视频科技有限公司	华为应用市场	6.7.9	违规收集个人信息 违规使用个人信息
52	波波视频	炫一下（北京）科技有限公司	OPPO 软件商店	5.28.8	违规使用个人信息
53	六间房秀场	北京六间房科技有限公司	PP 助手	6.7.6.1015	违规收集个人信息
54	CAM365	深圳市全星创展科技有限公司	vivo 应用商店	1.3.0	违规收集个人信息
55	熊猫抓娃娃	成都十维空间科技有限公司	vivo 应用商店	3.9.7	违规收集个人信息
56	窝友自驾	深圳市窝友之家科技有限公司	360 手机助手	9.1	违规收集个人信息 违规使用个人信息 强制用户使用定向推送功能
57	瓜子二手车	上海云趣科技有限公司	搜狗手机助手	7.6.6.0	App 强制、频繁、过度索取权限
58	兔博士	上海礼友信息技术服务有限公司	小米应用商店	12.6.1	违规收集个人信息
59	乐亭通	乐亭县乐创电子商务有限公司	应用宝	5.87.201011	违规收集个人信息 强制用户使用定向推送功能 App 强制、频繁、过度索取权限
60	乐有家房源网	深圳市家家顺物联科技有限公司	应用宝	7.3.1	违规收集个人信息
61	易车	北京易车互动广告有限公司	小米应用商店	10.39.0	违规收集个人信息 违规使用个人信息 超范围收集个人信息
62	笑话全集	长沙海景信息技术有限公司	豌豆荚	1.6.9	违规收集个人信息
63	周公解梦	北京小刀万维科技有限公司	OPPO 软件商店	3.5.0	违规收集个人信息
64	7723 游戏盒	厦门巴掌互动科技有限公司	应用宝	4.1.2	违规收集个人信息 违规使用个人信息 应用分发平台上的 App 信息明示不到位

续表

序号	应用名称	应用开发者	应用来源	应用版本	所涉问题
65	爱吾游戏宝盒	台州市爱吾信息技术有限公司	应用宝	2.3.0.7	违规使用个人信息
66	疯狂猜成语	上海小鲜网络科技有限公司	小米应用商店	6.1.9	违规收集个人信息
					违规使用个人信息
67	万达普惠	广州力达普惠网络小额贷款有限公司	小米应用商店	3.2.4	违规收集个人信息
					超范围收集个人信息
					App 强制、频繁、过度索取权限
68	悟空优选	玖富数科科技集团有限责任公司	豌豆荚	4.3.0	违规收集个人信息
					违规使用个人信息
69	通达信	深圳市财富趋势科技股份有限公司	小米应用商店	5.05	违规收集个人信息
					违规使用个人信息
70	网贷之家	上海盈讯科技有限公司	小米应用商店	8.6.2	违规收集个人信息
					违规使用个人信息
71	快易花	上海万达小额贷款有限公司	应用宝	1.4.7	违规收集个人信息
					超范围收集个人信息
					App 强制、频繁、过度索取权限
72	晋江小说阅读	北京晋江原创网络科技有限公司	小米应用商店	5.3.8.2	App 强制、频繁、过度索取权限
73	动漫之家	尚科齐（北京）网络科技有限公司	搜狗手机助手	2.7.034	违规收集个人信息
					强制用户使用定向推送功能
74	点点新闻	北京英良网络技术有限公司	360 手机助手	1.1.5.5	违规收集个人信息
75	快点	北京天桐互动科技有限公司	应用宝	3.02.22	违规收集个人信息
					强制用户使用定向推送功能
					App 强制、频繁、过度索取权限
76	听说很好玩	上海迈朔信息科技有限公司	360 手机助手	1.5.3	违规收集个人信息
					强制用户使用定向推送功能
77	鲸鱼阅读	深圳市华阅文化传媒有限公司	360 手机助手	2.0.8	违规收集个人信息
					强制用户使用定向推送功能

续表

序号	应用名称	应用开发者	应用来源	应用版本	所涉问题
78	中青看点	北京中青博亚文化传播有限责任公司	豌豆荚	2.5.5	违规收集个人信息
					违规使用个人信息
79	一米阅读	北京一米蓝科技有限公司	小米应用商店	3.3.4	违规收集个人信息
80	儿歌点点	北京萌宝科技有限公司	豌豆荚	3.0.64.release	违规收集个人信息
					强制用户使用定向推送功能
81	数感星球	火光摇曳教育科技（深圳）有限公司	华为应用市场	4.1.2	违规收集个人信息
82	萌宝宝辅食大全	上海微栈网络科技有限公司	应用宝	2.1.0	违规收集个人信息
					违规使用个人信息
					App 强制、频繁、过度索取权限
83	奇妙玩具修理店	宝宝巴士（福建）网络科技有限公司	应用宝	9.50.00.00	违规收集个人信息
84	宝宝动物世界	宝宝巴士（福建）网络科技有限公司	百度手机助手	9.50.00.00	违规收集个人信息
85	高速浏览器	北京乐读科技有限公司	OPPO 软件商店	3.7.1	违规使用个人信息
					App 强制、频繁、过度索取权限
86	手迹造字	北京方正手迹数字技术有限公司	华为应用市场	5.4.5	App 强制、频繁、过度索取权限
87	扫描宝	长沙源汇泽网络科技有限公司	PP 助手	4.6.0	违规收集个人信息
					违规使用个人信息
					强制用户使用定向推送功能
					App 强制、频繁、过度索取权限
88	拍照识文字	长沙波澜网络科技有限公司	PP 助手	4.4.4	违规收集个人信息
					违规使用个人信息
					App 强制、频繁、过度索取权限
89	趣制作	深圳市手指游科技有限公司	PP 助手	2.0.6	违规收集个人信息

续表

序号	应用名称	应用开发者	应用来源	应用版本	所涉问题
90	微拾	南京华宸希软件开发有限公司	应用宝	3.3.1	违规收集个人信息
					App 强制、频繁、过度索取权限
91	扫描翻译	长沙根基信息技术有限公司	华为应用市场	3.4.7	违规收集个人信息
					App 强制、频繁、过度索取权限
92	光环助手	广州加兔网络科技有限公司	360 手机助手	4.2.2	违规收集个人信息
					超范围收集个人信息
					违规使用个人信息
93	魔玩助手	厦门闪灵科技有限公司	360 手机助手	1.4.3	违规收集个人信息
					违规使用个人信息
					强制用户使用定向推送功能
94	绿色清理大师	上海梦策网络科技有限公司	vivo 应用商店	2.7.3	违规收集个人信息
					欺骗误导用户下载 App
95	熊猫动态壁纸	深圳市手指游科技有限公司	vivo 应用商店	2.2.4	违规收集个人信息
96	魔法壁纸	北京莜桔西科技有限公司	vivo 应用商店	4.0.2	违规收集个人信息
97	全局透明壁纸	深圳市咖咖游科技有限公司	vivo 应用商店	1.3.3	违规收集个人信息
98	秀来电	安徽多点美好智能科技有限公司	vivo 应用商店	2.0.4	违规收集个人信息
99	八门神器	长沙掌控信息科技有限公司	应用宝	3.7.8	违规收集个人信息
					违规使用个人信息
100	西梅	上海虎诚信息科技有限公司	应用宝	2.3.8	违规收集个人信息
101	准了	北京星座女神文化传媒有限公司	百度手机助手	2.4.1	违规收集个人信息
102	海豚手游加速器	厦门享游网络科技有限公司	豌豆荚	2.7.928	违规收集个人信息
					违规使用个人信息
103	百师导	上海募得人力资源有限公司	应用宝	1.5	违规收集个人信息

续表

序号	应用名称	应用开发者	应用来源	应用版本	所涉问题
104	守护者	山西云守护智能信息技术有限公司	360 手机助手	2.4.3	违规收集个人信息
					违规使用个人信息
					App 强制、频繁、过度索取权限
105	粉笔	北京粉笔蓝天科技有限公司	小米应用商店	6.12.8.2	违规收集个人信息
106	华图在线	北京华图宏阳网络科技有限公司	搜狗手机助手	7.2.271	违规收集个人信息
107	竹马法考	北京方圆众合教育科技有限公司	搜狗手机助手	3.9.25	违规收集个人信息
108	作业答案大全	成都学知府教育科技有限公司	小米应用商店	1.2.9	违规收集个人信息
					强制用户使用定向推送功能
					欺骗误导用户下载 App
109	天气通	北京微梦创科网络技术有限公司	百度手机助手	7.03	违规收集个人信息
					违规使用个人信息
					App 强制、频繁、过度索取权限
					应用分发平台上的 App 信息明示不到位
110	诸葛天气	上海懿瞳信息科技有限公司	应用宝	3.1	超范围收集个人信息
111	影宝易	深圳影宝网络科技有限公司	应用宝	2.2.78	违规收集个人信息
					App 强制、频繁、过度索取权限
112	抖册视频编辑卡点剪辑	杭州抖册网络科技有限公司	360 手机助手	1.6.2	违规收集个人信息
					强制用户使用定向推送功能
113	短视频编辑	广州肖克网络科技有限公司	应用宝	1.3.1	违规收集个人信息
					App 强制、频繁、过度索取权限
114	小睡眠	广州心与潮信息科技有限公司	搜狗手机助手	4.5.4	违规收集个人信息
115	走薪	上海艾洛丁信息技术有限公司	应用宝	1.7.9	违规收集个人信息
					违规使用个人信息
					App 强制、频繁、过度索取权限

续表

序号	应用名称	应用开发者	应用来源	应用版本	所涉问题
116	青团社兼职	杭州弧途科技有限公司	应用宝	4.47.6	违规收集个人信息 违规使用个人信息
117	红背心	汇安居（北京）信息科技有限公司	应用宝	hongbeixin_betav3.0.6	违规收集个人信息
118	知味社区	成都色差网络科技有限公司	vivo 应用商店	1.6.3	违规收集个人信息
119	挚恋免费相亲交友同城婚恋征婚	北京兴华互联科技有限公司	360 手机助手	2.4.25	违规收集个人信息 App 强制、频繁、过度索取权限
120	若情免费相亲交友	北京兴华互联科技有限公司	360 手机助手	1.0.35	违规收集个人信息 App 强制、频繁、过度索取权限
121	番茄派对	四川融企科技有限公司	OPPO 软件商店	1.1.6	违规收集个人信息 强制用户使用定向推送功能
122	233 乐园	汇龙通商（北京）科技有限公司	应用宝	2.45.0.13	违规收集个人信息 违规使用个人信息 App 强制、频繁、过度索取权限
123	知聊	杭州知聊信息技术有限公司	小米应用商店	5.19.8	违规收集个人信息 违规使用个人信息
124	阿聊通讯	苏州遇见信息科技有限公司	小米应用商店	1.7.2	违规收集个人信息 违规使用个人信息
125	脉脉	北京淘友天下科技发展有限公司	应用宝	5.3.32	违规收集个人信息
126	易信	浙江翼信科技有限公司	应用宝	7.4.2	违规收集个人信息
127	菜鸡	广州点云科技有限公司	小米应用商店	3.5.13	违规收集个人信息 强制用户使用定向推送功能
128	花友	重庆亦见网络科技有限公司	百度手机助手	4.2.30	违规收集个人信息 违规使用个人信息 强制用户使用定向推送功能 App 强制、频繁、过度索取权限

续表

序号	应用名称	应用开发者	应用来源	应用版本	所涉问题
129	猫爪	北京游梦创想网络技术有限公司	应用宝	6.1.6	违规收集个人信息
					应用分发平台上的 App 信息明示不到位
130	团油	车主邦（北京）科技有限公司	小米应用商店	5.5.0	违规收集个人信息
					App 强制、频繁、过度索取权限
131	千匠一品	佛山市千匠一品家具有限公司	小米应用商店	1.0.29	违规收集个人信息
					App 强制、频繁、过度索取权限

（十一）关于下架侵害用户权益 App 的通报

10 月 26 日，工业和信息化部向社会通报了 131 家存在侵害用户权益行为 App 企业的名单。截至目前，经第三方检测机构核查复检，尚有 60 款 App 未按照工业和信息化部要求完成整改（名单见附件）。依据《中华人民共和国网络安全法》和《移动智能终端应用软件预置和分发管理暂行规定》（工信部信管〔2016〕407 号）等法律和规范性文件要求，工业和信息化部组织对上述 App 进行下架。

相关应用商店应在本通报发布后，立即组织对名单中应用软件进行下架处理。后续，工业和信息化部还将对未严格落实管理主体责任的部分应用商店及移动应用分发平台，存在违规收集用户个人信息行为的 SDK 企业，依法严厉处置。

附件：下架的应用软件名单

工业和信息化部信息通信管理局

2020 年 11 月 9 日

下架的应用软件名单

序号	应用名称	应用开发者	应用版本
1	东方美食	北京东方美食研究院	3.8.3
2	有赞精选	杭州有赞科技有限公司	5.3.4
3	醒购	厦门聚买网络科技有限公司	2.13.6
4	衣邦人	杭州贝嘟科技有限公司	6.1.3

续表

序号	应用名称	应用开发者	应用版本
5	嗨够视频直播	重庆美融网络科技有限公司	1.1.0
6	虎音小视频	河南讯丰网络科技有限公司	6.3.4
7	刷宝短视频	海南头角信息科技有限公司	2.801
8	红包视频	北京伊云创联科技有限公司	3.0.0
9	趣看视频	杭州爆米花科技股份有限公司	1.4.9.6
10	CAM365	深圳市全星创展科技有限公司	1.3.1
11	熊猫抓娃娃	成都十维空间科技有限公司	3.9.7
12	笑话全集	长沙海景信息科技有限公司	1.6.9
13	周公解梦	北京小刀万维科技有限公司	3.5.1
14	点点新闻	北京英良网络技术有限公司	1.1.5.6
15	快点	北京天桐互动科技有限公司	3.02.31
16	听说很好玩	上海迈朔信息科技有限公司	1.6.0
17	百师导	上海募得人力资源有限公司	1.6
18	知味社区	成都色差网络科技有限公司	1.6.6
19	T3 出行	南京领行科技股份有限公司	2.1.0
20	鲸鱼阅读	深圳市华阅文化传媒有限公司	2.0.9
21	看看视频	深圳天天看看信息技术有限公司	8.1.9.1
22	千匠一品	佛山市千匠一品家具有限公司	1.0.29
23	红布林	致美生活（北京）科技有限公司	3.2.5
24	唯代购	广州唯品会电子商务有限公司	4.2.1
25	诸葛天气	上海懿瞳信息科技有限公司	3.2
26	短视频编辑	广州肖克网络科技有限公司	1.3.2
27	7723 游戏盒	厦门巴掌互动科技有限公司	4.1.3
28	猫爪	北京游梦创想网络技术有限公司	6.2.0
29	八门神器	长沙掌控信息科技有限公司	3.7.8.1
30	乐有家房源网	深圳市家家顺物联科技有限公司	7.4.0
31	走薪	上海艾洛丁信息技术有限公司	1.8.1
32	乐亭通	乐亭县乐创电子商务有限公司	5.92.201017
33	花友	重庆亦见网络科技有限公司	4.3.10
34	VLOG	宁波宇晟网络科技有限公司	1.4.2

续表

序号	应用名称	应用开发者	应用版本
35	准了	北京星座女神文化传媒有限公司	2.4.2
36	海豚手游加速器	厦门享游网络科技有限公司	2.7.1019
37	中青看点	北京中青博亚文化传播有限责任公司	2.6.2
38	疯狂猜成语	上海小鲜网络科技有限公司	6.2.2
39	前排视频	北京一览科技有限公司	2.4.10.58
40	知聊	杭州知聊信息技术有限公司	5.20.2
41	阿聊通讯	苏州遇见信息科技有限公司	1.7.3
42	菜鸡	广州点云科技有限公司	3.5.16
43	微拍堂鉴宝版	杭州微拍堂文化创意有限公司	1.5.1
44	绿色清理大师	上海梦策网络科技有限公司	2.9.1
45	秀来电	合肥东晚信息科技有限公司	2.0.7
46	小睡眠	广州心与潮信息科技有限公司	4.5.6
47	长安出行	重庆长安车联科技有限公司	5.5.1
48	东方购物	上海东方电视购物有限公司	4.5.56
49	抖册视频编辑卡点剪辑	杭州抖册网络科技有限公司	1.6.3
50	草莓视频	湖北康赢网络科技有限公司	5.1.8
51	守护者	山西云守护智能信息技术有限公司	2.4.4
52	扫描翻译	长沙根基信息技术有限公司	3.5.7
53	蜜蜂出行	北京蜜蜂出行科技有限公司	6.1.1
54	省点	北京等等付科技有限公司	1.70.3
55	扫描宝	长沙源汇泽网络科技有限公司	4.6.8
56	拍照识文字	长沙波澜网络科技有限公司	4.4.5
57	微拾	南京华宸希软件开发有限公司	3.3.3
58	作业答案大全	成都学知府教育科技有限公司	1.3.1
59	麦淘亲子	上海麦亲信息科技有限公司	6.5.2
60	快易花	上海万达小额贷款有限公司	1.4.9

（十二）关于侵害用户权益行为的 App 通报（2020 年第六批）

依据《中华人民共和国网络安全法》《中华人民共和国电信条例》《电信和

互联网用户个人信息保护规定》等法律法规，按照《工业和信息化部关于开展纵深推进 App 侵害用户权益专项整治行动的通知》（工信部信管〔2020〕164 号）工作部署，我部近期组织第三方检测机构对手机应用软件进行检查，督促存在问题的企业进行整改。截至目前，尚有 60 款 App 未完成整改（详见附件），上述 App 应在 12 月 10 日前完成整改落实工作。逾期不整改的，我部将依法依规组织开展相关处置工作。

附件：存在问题的应用软件名单（2020 年第六批）

工业和信息化部信息通信管理局

2020 年 12 月 3 日

存在问题的应用软件名单（2020年第六批）

序号	应用名称	应用开发者	应用来源	版本号	所涉问题
1	蜜约交友	深圳酷科网络科技有限公司	华为应用市场	1.2.7	违规收集个人信息
2	微信电话本	深圳市腾讯计算机系统有限公司	豌豆荚	4.5.2	App 强制、频繁、过度索取权限
3	嗨玩	海南陪陪信息科技有限公司	应用宝	1.9.9	违规收集个人信息
4	步步赚	上海卓塔信息技术有限公司	华为应用市场	4.4.0	违规收集个人信息
					违规使用个人信息
					欺骗误导用户下载 App
					应用分发平台上的 App 信息明示不到位
5	窝窝语音	江西宣禹科技有限公司	小米应用商店	1.62	违规收集个人信息
6	南方航空	中国南方航空股份有限公司	华为应用市场	4.0.1	违规收集个人信息
7	多彩校园	成都多彩任意门科技有限公司	华为应用市场	4.0.7	违规收集个人信息
8	微课掌上通	浙江万朋教育科技股份有限公司	vivo 应用商店	9.12	违规收集个人信息
					违规使用个人信息
9	心跳语音聊天交友	深圳冰久网络科技有限公司	360 手机助手	4.2.6	App 强制、频繁、过度索取权限

续表

序号	应用名称	应用开发者	应用来源	版本号	所涉问题
10	嘀嗒计步器	厦门沃鸿信息技术有限公司	360 手机助手	4.5.0	违规收集个人信息
11	很皮语音包	广州清蝉网络科技有限公司	OPPO 软件商店	3.1.3	违规收集个人信息
12	跑步赚	莱特摩比（北京）网络技术有限公司	百度手机助手	1.5.3	违规收集个人信息 违规使用个人信息
13	斗牛 DoNew	上海砸立电子商务有限公司	360 手机助手	5.1.2	违规收集个人信息
14	滚动的天空	北京猎豹网络科技有限公司	vivo 应用商店	2.5.7.1	欺骗误导用户下载 App
15	酷酷小游戏	杭州家之馨电子商务有限公司	百度手机助手	4.0.5	违规收集个人信息 违规使用个人信息 App 强制、频繁、过度索取权限 应用分发平台上的 App 信息明示不到位
16	钢琴块 2	北京猎豹网络科技有限公司	应用宝	3.1.0.1135	欺骗误导用户下载 App 应用分发平台上的 App 信息明示不到位
17	皮皮语音包变声器	深圳市小粉鱼科技有限公司	360 手机助手	1.1.9	违规使用个人信息 App 强制、频繁、过度索取权限
18	缘分百分百	成都雍景科技有限公司	豌豆荚	4.3.4	违规收集个人信息 违规使用个人信息 App 强制、频繁、过度索取权限
19	通讯录导入助手	安化迅奇网络有限责任公司	小米应用商店	1.1.9	强制用户使用定向推送功能
20	畅途汽车票	南京畅途网交通技术系统有限公司	小米应用商店	5.6.2	违规收集个人信息 违规使用个人信息
21	健身专家	刘洪伟	小米应用商店	5.2.0	违规收集个人信息

续表

序号	应用名称	应用开发者	应用来源	版本号	所涉问题
22	高途课堂	北京高途云集教育科技有限公司	小米应用商店	4.8.5	强制用户使用定向推送功能
23	优课优信	四川福豆科技有限公司	小米应用商店	4.1.011231	违规收集个人信息
24	微脉圈	北京助梦工场科技有限公司	小米应用商店	1.7.6	违规收集个人信息
25	通辽团	通辽市通团网络科技有限公司	小米应用商店	7.05.201030	违规收集个人信息
26	VIP 陪练	上海妙克信息科技有限公司	搜狗手机助手	3.8.2	违规收集个人信息
27	九元航空	九元航空有限公司	应用宝	2.0.7	违规收集个人信息
28	健身咖	福州青果时代网络科技有限公司	应用宝	1.2.1	违规收集个人信息
29	有看头	深圳技威时代科技有限公司	应用宝	00.46.00.65	违规收集个人信息
					App 强制、频繁、过度索取权限
30	嘿哈猫健身	湖南嘿哈猫网络科技有限公司	应用宝	3.1.1	违规收集个人信息
					App 强制、频繁、过度索取权限
31	少年得到	酷得少年（天津）文化传播有限公司	应用宝	3.19.2	违规收集个人信息
					超范围收集个人信息
32	纸条	广州启合科技有限公司	应用宝	5.6.1	违规收集个人信息
33	酷爱直播	金华就约我吧网络科技有限公司	应用宝	5.2.1	违规收集个人信息
34	卡友地带	合肥维天运通信息科技股份有限公司	应用宝	2.9.33	违规收集个人信息
35	虚拟定位精灵	长沙西瓜太郎网络科技有限公司	应用宝	2.35.5	违规收集个人信息
36	直播吧	厦门傲播网络科技有限公司	百度手机助手	5.6.0	违规收集个人信息
					超范围收集个人信息
37	防盗监控－对接网络摄像头（防盗监控－对接监控摄像头）	英德市木棉科技有限公司	vivo 应用商店	8.7.1	违规收集个人信息

续表

序号	应用名称	应用开发者	应用来源	版本号	所涉问题
38	秒拍－超火短视频	炫一下（北京）科技有限公司	vivo 应用商店	7.2.83	违规收集个人信息
39	春雨医生－足不出户看医生	北京春雨天下软件有限公司	vivo 应用商店	9.1.7	违规收集个人信息
40	航班管家－特价机票	深圳市活力天汇科技股份有限公司	vivo 应用商店	7.9.4.1	强制用户使用定向推送功能
41	蛋蛋部落－聊天交友 App（蛋蛋部落－语言聊天交友陪玩软件）	杭州蛋蛋语音科技有限公司	vivo 应用商店	4.2.8	违规收集个人信息
42	114 票务网	南京铁行网络科技有限公司	豌豆荚	8.1.7	违规收集个人信息 强制用户使用定向推送功能
43	蜜月直播	深圳谷天网络科技有限公司	豌豆荚	6.7.1	违规收集个人信息
44	蝴蝶直播	深圳美明赞文化传播有限公司	豌豆荚	5.4.3	违规收集个人信息 违规使用个人信息 强制用户使用定向推送功能
45	360 智能摄像机	北京视觉世界科技有限公司	豌豆荚	7.2.3.0	违规收集个人信息 App 强制、频繁、过度索取权限
46	固安圈	廊坊市摩因特网络科技	太平洋电脑网	4.4996.181211	违规收集个人信息 违规使用个人信息 App 强制、频繁、过度索取权限
47	通讯录同步助手	武汉哒哒软件科技有限公司	华为应用市场	4.3.7	违规收集个人信息
48	针孔摄像头探测仪	河北锦享网络科技有限公司	华为应用市场	2.0	违规收集个人信息 App 强制、频繁、过度索取权限
49	快票出行	河北快票出行旅游服务有限公司	华为应用市场	3.3.2	违规收集个人信息

续表

序号	应用名称	应用开发者	应用来源	版本号	所涉问题
50	DT 小听摄像头扫描	桂林市小目标科技有限公司	华为应用市场	20.11.22	违规收集个人信息
					强制用户使用定向推送功能
51	千寻位置	千寻位置网络有限公司	华为应用市场	2.6.3	违规收集个人信息
					违规使用个人信息
52	明察	北京开心灿烂科技有限公司	OPPO 软件商店	1.2.0	强制用户使用定向推送功能
53	糖豆	北京梦之窗数码科技有限公司	OPPO 软件商店	7.2.1	违规收集个人信息
54	探位手机定位寻人	北京聚量未来信息技术有限公司	OPPO 软件商店	2.0.7	违规收集个人信息
55	小蚁摄像机	上海小蚁科技有限公司	OPPO 软件商店	5.2.7_20201123	违规收集个人信息
					强制用户使用定向推送功能
56	海南航空	海南航空控股有限公司	OPPO 软件商店	8.5.1	违规收集个人信息
57	高铁管家	深圳市活力天汇科技股份有限公司	OPPO 软件商店	7.4.3.1	强制用户使用定向推送功能
58	通讯圈	深圳立志捷科技有限公司	OPPO 软件商店	4.4.4	违规收集个人信息
59	视界	努比亚技术有限公司	OPPO 软件商店	6.26.1	超范围收集个人信息
					App 强制、频繁、过度索取权限
60	客运帮	上海极途信息技术有限公司	360 手机助手	9.4.5	超范围收集个人信息

（十三）关于下架侵害用户权益 App 名单的通报

2020 年 12 月 3 日，我部向社会通报了 60 家存在侵害用户权益行为 App 企业的名单。截至目前，经第三方检测机构核查复检，尚有 19 款 App 未按照我部要求完成整改。各地通信管理局按我部 App 整治行动部署，积极开展手机应用软件监督检查，此次四川省通信管理局检查发现仍有 7 款 App 未完成整改。

依据《中华人民共和国网络安全法》和《移动智能终端应用软件预置和分发管理暂行规定》（工信部信管〔2016〕407 号）等法律和规范性文件要求，我部组织对上述 26 款 App 进行下架。相关应用商店应在本通报发布后，立即组织对名单中应用软件进行下架处理。

附件：下架的应用软件名单

工业和信息化部信息通信管理局

2020 年 12 月 16 日

下架的应用软件名单

序号	应用名称	应用开发者	应用版本
1	微脉圈	北京助梦工场科技有限公司	1.7.7
2	通辽团	通辽市通团网络科技有限公司	7.09.201031
3	VIP 陪练	上海妙克信息科技有限公司	3.9.2
4	九元航空	九元航空有限公司	2.0.8
5	探位手机定位寻人	北京聚量未来信息技术有限公司	2.0.8
6	小蚁摄像机	上海小蚁科技有限公司	5.2.9_20201208
7	通讯圈	深圳立志捷科技有限公司	4.5.0
8	蜜月直播	深圳谷天网络科技有限公司	6.11.3
9	蝴蝶直播	深圳美明赞文化传播有限公司	5.4.5
10	通讯录同步助手	武汉哒哒软件科技有限公司	4.4.1
11	快票出行	河北快票出行旅游服务有限公司	3.3.3
12	嘿哈猫健身	湖南嘿哈猫网络科技有限公司	3.1.2
13	酷爱直播	金华就约我吧网络科技有限公司	5.2.2
14	卡友地带	合肥维天运通信息科技股份有限公司	2.9.34
15	防盗监控 - 对接网络摄像头（防盗监控 - 对接监控摄像头）	英德市木棉科技有限公司	8.7.2
16	微课掌上通	浙江万朋教育科技股份有限公司	9.13
17	酷酷小游戏	杭州家之馨电子商务有限公司	4.0.7

续表

序号	应用名称	应用开发者	应用版本
18	皮皮语音包变声器	深圳市小粉鱼科技有限公司	1.1.9
19	缘分百分百	成都雍景科技有限公司	5.2.0
20	最美证件照	成都品果科技有限公司	4.3.01
21	今日赚	成都凡微科技有限公司	1.6.8
22	惠装装修	成都快乐家网络技术有限公司	6.5.8.0
23	如丽整形	成都美哆网络科技有限公司	5.4.2
24	宝宝学拼音	成都知慧乐网络科技有限公司	9.0.3
25	推事本	智慕时代科技（成都）有限公司	6.1.5
26	火车票达人	成都博煜科技有限公司	3.9.4

（十四）关于侵害用户权益行为的 App 通报（2020 年第七批）

依据《中华人民共和国网络安全法》《中华人民共和国电信条例》《电信和互联网用户个人信息保护规定》等法律法规，按照《工业和信息化部关于开展纵深推进 App 侵害用户权益专项整治行动的通知》（工信部信管〔2020〕164 号）工作部署，我部近期组织第三方检测机构对手机应用软件进行检查，督促存在问题的企业进行整改。截至目前，尚有 63 款 App 未完成整改（详见附件），上述 App 应在 12 月 28 日前完成整改落实工作。

此次检测发现，App 未经用户同意，私自收集设备 MAC 地址信息，将用户个人信息发送给第三方 SDK 的问题较多。部分头部企业 App 检测仍发现问题，且未按我部要求时限整改完成。部分应用商店及移动应用分发平台对利用技术对抗、更换“马甲”等方式故意逃避我部监管的企业，监测发现和处置力度不够。后续我部将对上述问题突出、有令不行、整改不彻底的相关企业，采取全面下架、停止接入、行政处罚以及纳入电信业务经营不良名单或失信名单等措施，依法严厉处置。

附件：存在问题的应用软件名单（2020 年第七批）

工业和信息化部信息通信管理局

2020 年 12 月 21 日

存在问题的应用软件名单（2020年第七批）

序号	应用名称	应用开发者	应用来源	版本号	所涉问题
1	MeMe 直播	深圳聚力未来网络科技有限公司	OPPO 软件商店	3.8.3	违规收集个人信息
					违规使用个人信息
					App 强制、频繁、过度索取权限
2	黑岩小说	北京黑岩信息技术有限公司	OPPO 软件商店	4.1.3	违规收集个人信息
					违规使用个人信息
3	Wake	北京唤醒之光网络科技有限公司	360 手机助手	7.6.9	违规收集个人信息
					违规使用个人信息
4	塔塔帝国	广州鱼玩网络科技有限公司	豌豆荚	1.6.28	违规收集个人信息
5	希沃授课助手	广州视睿电子科技有限公司	应用宝	3.0.27（3587）	违规收集个人信息
					违规使用个人信息
6	小遛共享	宁波小遛共享信息科技有限公司	应用宝	2.47.1	违规收集个人信息
7	蜜蜂出行小蜜版	宝驾（北京）信息技术有限公司	应用宝	6.1.6	App 强制、频繁、过度索取权限
8	优路教育	北京环球优路教育科技股份有限公司	搜狗手机助手	3.1.2	违规收集个人信息
					违规使用个人信息
9	场库	北京新片场传媒股份有限公司	应用宝	5.8.0	违规收集个人信息
					违规使用个人信息
10	开眼	北京牡蛎柠檬科技文化有限公司	豌豆荚	6.4.1	违规收集个人信息
11	爆米花视频	杭州爆米花科技股份有限公司	豌豆荚	12.4.1.0	违规收集个人信息
					违规使用个人信息
12	租号玩专业版	安徽省刀锋网络科技有限公司	OPPO 软件商店	1.3.1	违规收集个人信息
13	高能时刻短视频	北京大玩家计划网络科技有限公司	OPPO 软件商店	2.7.0	违规收集个人信息
					违规使用个人信息
14	七七影视大全	安徽省鲲娱互联网有限公司	小米应用商店	1.9.1	App 强制、频繁、过度索取权限
					应用分发平台上的 App 信息明示不到位

续表

序号	应用名称	应用开发者	应用来源	版本号	所涉问题
15	秀恋直播	广州市全广信息科技有限公司	vivo 应用商店	6.11.5	违规收集个人信息 App 强制、频繁、过度索取权限
16	减约	北京减脂时代科技有限公司	豌豆荚	4.4.3	App 强制、频繁、过度索取权限
17	玫瑰约会同城交友	广州四叶文化传播有限公司	豌豆荚	2.4.0	违规收集个人信息
18	蜜源	蜜源（深圳）新媒体科技有限公司	OPPO 软件商店	6.2.9.1	违规收集个人信息
19	不就	湖南安悦网络信息有限公司	应用宝	1.7.92	违规收集个人信息
20	多锐	湖南简成信息技术有限公司	应用宝	2.9.21	应用分发平台上的 App 信息明示不到位
21	淘券吧	上海赐云网络科技有限公司	搜狗手机助手	7.32	违规收集个人信息 违规使用个人信息
22	海报新闻	山东省互联网传媒集团股份有限公司	应用宝	7.0	违规收集个人信息 违规使用个人信息
23	QQ 浏览器	深圳市腾讯计算机系统有限公司	OPPO 软件商店	11.0.6.6502	应用分发平台上的 App 信息明示不到位
24	腾讯新闻	深圳市腾讯计算机系统有限公司	小米应用商店	6.3.50	欺骗误导用户下载 App 应用分发平台上的 App 信息明示不到位
25	一罐	宁波意赋科技有限公司	OPPO 软件商店	3.12.5	违规收集个人信息
26	爱看书免费小说	北京中文万维科技有限公司	应用宝	7.0.6	违规收集个人信息 超范围收集个人信息
27	冀教学习	北京智慧流教育科技有限公司	应用宝	4.4.4.1	违规收集个人信息
28	随身乐队	北京联动科技有限公司	应用宝	7.2.4	违规收集个人信息 欺骗误导用户下载 App
29	摩范出行	华夏出行有限公司	应用宝	6.8.6	违规收集个人信息 App 强制、频繁、过度索取权限

续表

序号	应用名称	应用开发者	应用来源	版本号	所涉问题
30	红人直播	北京微联通技术有限公司	应用宝	3.0.1	违规收集个人信息
31	长豆短视频	成都赞国文化传播有限公司	小米应用商店	2.0.8	违规收集个人信息 超范围收集个人信息
32	盼达用车	重庆盼达汽车租赁有限公司	小米应用商店	3.2.9	违规收集个人信息 App 强制、频繁、过度索取权限
33	宜信财富	宜信卓越财富投资管理（北京）有限公司	小米应用商店	6.7.2	违规收集个人信息
34	史上最坑爹的游戏 3	珠海顶峰互动科技有限公司	小米应用商店	7.1.03	违规收集个人信息
35	Timing	武汉氪细胞网络技术有限公司	小米应用商店	9.19.0	违规收集个人信息
36	乐友	北京乐友达康科技有限公司	OPPO 软件商店	7.1.6	违规收集个人信息 App 强制、频繁、过度索取权限
37	咪咕爱看	咪咕视讯科技有限公司	搜狗手机助于	4.8.3	违规收集个人信息
38	学宝	北京慧达天下科技有限公司	搜狗手机助手	6.1.4	违规收集个人信息
39	微商工具箱	安徽蓝狐网络科技有限公司	搜狗手机助手	6.4.7	违规收集个人信息
40	猜猜这是谁	北京百视播视频文化传媒有限公司	vivo 应用商店	1.0.4.2	违规收集个人信息
41	花秀直播	广州豆豆信息科技有限公司	vivo 应用商店	6.11.5	违规收集个人信息 App 强制、频繁、过度索取权限
42	减肥小秘书	上海挺美网络科技有限公司	vivo 应用商店	6.2.7	违规收集个人信息
43	简单课堂	北京简单科技有限公司	vivo 应用商店	1.28.9.201214	违规收集个人信息 App 强制、频繁、过度索取权限

续表

序号	应用名称	应用开发者	应用来源	版本号	所涉问题
44	街电	深圳街电科技有限公司	vivo 应用商店	3.600	违规收集个人信息
					App 强制、频繁、过度索取权限
45	金猪记步	广州小迈网络科技有限公司	vivo 应用商店	1.2.4	违规收集个人信息
					超范围收集个人信息
					违规使用个人信息
46	快音	成都开心音符科技有限公司	vivo 应用商店	3.9.5	违规收集个人信息
47	南京鼓楼医院	江苏健康无忧网络科技有限公司	vivo 应用商店	1.47	违规收集个人信息
48	小说阅读吧	中企瑞铭科技（北京）有限公司	vivo 应用商店	3.9.7.3174	违规收集个人信息
49	17K 小说	北京中文在线文化传媒有限公司	360 手机助手	7.5.3	违规收集个人信息
50	京东	北京京东叁佰陆拾度电子商务有限公司	360 手机助手	9.3.2	违规收集个人信息
					超范围收集个人信息
					应用分发平台上的 App 信息明示不到位
51	约单	嘉泽无限（北京）网络科技有限公司	360 手机助手	6.1.4	违规收集个人信息
					超范围收集个人信息
					违规使用个人信息
					App 强制、频繁、过度索取权限
52	熊猫出行	易通创新科技（大连）有限公司	360 手机助手	6.7.6	违规收集个人信息
53	康康在线	深圳市迈康信息技术有限公司	360 手机助手	7.11.13	违规收集个人信息
54	寺库奢侈品	北京寺库商贸有限公司	360 手机助手	8.0.14	违规收集个人信息
55	星星充电	万帮充电设备有限公司	360 手机助手	6.3.0	违规收集个人信息
					违规使用个人信息

续表

序号	应用名称	应用开发者	应用来源	版本号	所涉问题
56	95 美女秀	广州东百信息科技有限公司	豌豆荚	10.11.5	违规收集个人信息
					App 强制、频繁、过度索取权限
57	必看免费小说	北京蓝湾博阅科技有限公司	豌豆荚	1.48.22	违规收集个人信息
					超范围收集个人信息
58	出行 365	盛威时代科技集团有限公司	豌豆荚	6.1.3	违规收集个人信息
					App 强制、频繁、过度索取权限
59	桔多多	北京桔子分期电子商务有限公司	豌豆荚	7.0.9.2	违规收集个人信息
					违规使用个人信息
60	林鹿聊天交友	广州九伴信息科技有限公司	豌豆荚	1.4.0	违规收集个人信息
61	米尔军事	北京文景科技有限公司	豌豆荚	2.8.3	违规收集个人信息
					违规使用个人信息
62	陪你	武汉音节跳动科技有限公司	豌豆荚	1.0.3.5	App 强制、频繁、过度索取权限
63	瑞达法考	北京瑞达成泰教育科技有限公司	豌豆荚	2.7.0	违规收集个人信息

（十五）关于下架侵害用户权益 App 名单的通报

2020 年 12 月 21 日，我部向社会通报了 63 家存在侵害用户权益行为 App 企业的名单。截至目前，经第三方检测机构核查复检，尚有 12 款 App 未按照我部要求完成整改（详见附件）。

依据《中华人民共和国网络安全法》和《移动智能终端应用软件预置和分发管理暂行规定》（工信部信管〔2016〕407 号）等法律和规范性文件要求，我部组织对上述 12 款 App 进行下架。相关应用商店应在本通报发布后，立即组织对名单中应用软件进行下架处理。

附件：下架的应用软件名单

工业和信息化部信息通信管理局

2021 年 1 月 19 日

下架的应用软件名单

序号	应用名称	应用开发者	应用版本
1	Wake	北京唤醒之光网络科技有限公司	7.7.0
2	场库	北京新片场传媒股份有限公司	5.8.2
3	玫瑰约会同城交友	广州四叶文化传播有限公司	2.5.0
4	淘券吧	上海赐云网络科技有限公司	7.33
5	一罐	宁波意赋科技有限公司	3.12.5
6	猜猜这是谁	北京百视播视频文化传媒有限公司	1.0.5.1
7	简单课堂	北京简单科技有限公司	2.0.1
8	红人直播	北京微联通技术有限公司	3.1.0
9	学宝	北京慧达天下科技有限公司	6.1.8
10	桔多多	北京桔子分期电子商务有限公司	7.0.9.3
11	林鹿聊天交友	广州九伴信息科技有限公司	1.5.0
12	陪你	武汉音节跳动科技有限公司	1.0.4.4

（十六）关于侵害用户权益行为的 App 通报（2021 年第一批）

依据《中华人民共和国网络安全法》《中华人民共和国电信条例》《电信和互联网用户个人信息保护规定》等法律法规，按照《工业和信息化部关于开展纵深推进App侵害用户权益专项整治行动的通知》（工信部信管函〔2020〕164号）工作部署，我部近期组织第三方检测机构对手机应用软件进行检查，督促存在问题的企业进行整改。截至目前，尚有157款App未完成整改（详见附件），上述App应在1月29日前完成整改落实工作。

此外，在我部组织的十批次检测中，腾讯应用宝、小米应用商店、豌豆荚、OPPO软件商店、华为应用市场发现问题分别占比22.3%、12.0%、10.3%、9.9%、8.8%，平台管理主体责任落实不到位。我部已督促相关平台企业严格落实《移动智能终端应用软件预置和分发管理暂行规定》（工信部信管〔2016〕407号）要求，落实企业主体责任。

后续，我部将依法对上述问题突出、有令不行、整改不彻底的相关企业予以处置。

附件：存在问题的应用软件名单（2021年第一批，总第十批）

工业和信息化部信息通信管理局

2021年1月22日

存在问题的应用软件名单（2021年第一批，总第十一批）

序号	应用名称	应用开发者	应用来源	版本号	所涉问题
1	QQ同步助手	深圳市腾讯计算机系统有限公司	应用宝	7.1.2	欺骗误导用户下载App
2	腾讯动漫	深圳市腾讯计算机系统有限公司	App Store	8.9.6	违规使用个人信息
3	360清理大师	北京奇元科技有限公司	vivo应用商店	7.5.2	欺骗误导用户下载App
					应用分发平台上的App信息明示不到位
4	相机360	成都品果科技有限公司	vivo应用商店	9.9.3	违规收集个人信息
5	芒果TV	湖南快乐阳光互动娱乐传媒有限公司	华为应用市场	快应用	违规收集个人信息
6	Metro大都会	都世通网络科技有限公司	华为应用市场	2.4.13.2	App强制、频繁、过度索取权限
					欺骗误导用户提供个人信息
7	MiHome	福州米立科技有限公司	应用宝	1.2.1	违规收集个人信息
8	永辉生活	永辉云创科技有限公司	应用宝	6.21.0.33	违规收集个人信息
9	花椒	北京密境和风科技有限公司	App Store	7.6.2	违规使用个人信息
10	叮嗒出行	杭州金通互联科技有限公司	360手机助手	4.10.2	违规收集个人信息
					App强制、频繁、过度索取权限
11	东风出行	东风畅行科技股份有限公司	360手机助手	5.4.11	违规收集个人信息
12	凯立德导航	深圳凯立德科技股份有限公司	豌豆荚	8.4.6	App强制、频繁、过度索取权限
13	手机电视高清直播	长沙清闲子电子商务有限公司	小米应用商店	7.2.8.2	违规收集个人信息

续表

序号	应用名称	应用开发者	应用来源	版本号	所涉问题
14	汽车报价	北京车之家信息技术有限公司	小米应用商店	6.6.8	违规收集个人信息
					App 强制、频繁、过度索取权限
15	CSDN	北京创新乐知网络技术有限公司	应用宝	4.4.9	违规收集个人信息
					违规使用个人信息
16	达达快送	达疆网络科技（上海）有限公司	应用宝	8.5.1	违规收集个人信息
17	微博动漫	北京炫果壳信息技术股份有限公司	应用宝	8.7.0	违规收集个人信息
18	周末去哪儿	上海烜奕传媒科技有限公司	华为应用市场	6.4.2	违规收集个人信息
					App 强制、频繁、过度索取权限
19	多来电嗨来电秀	北京多宝灵动科技有限公司	华为应用市场	1.8.8.0	违规收集个人信息
20	孩子王	上海童渠信息技术有限公司	华为应用市场	8.18.1	超范围收集个人信息
21	艺龙酒店	艺龙网信息技术（北京）有限公司	360 手机助手	9.70.4	违规收集个人信息
22	高佣联盟	杭州知买科技有限公司	360 手机助手	5.1.12	违规收集个人信息
23	趣看点	宁德市众人网络科技有限公司	360 手机助手	4.4.0	违规收集个人信息
					App 强制、频繁、过度索取权限
24	网购联盟	广州维众科技有限公司	360 手机助手	9.7.0	违规收集个人信息
25	住这儿	深圳市第五空间网络科技有限公司	360 手机助手	4.9.0	违规收集个人信息
					违规使用个人信息
					App 强制、频繁、过度索取权限
26	奥特曼之格斗超人	合肥乐堂动漫信息技术有限公司	360 手机助手	1.8.2	违规收集个人信息
27	体检宝测血压视力心率	北京嘉嘉康康科技有限公司	360 手机助手	5.5.2	违规收集个人信息
					App 强制、频繁、过度索取权限

续表

序号	应用名称	应用开发者	应用来源	版本号	所涉问题
28	天虹	天虹数科商业股份有限公司	360 手机助手	4.2.8	违规收集个人信息
29	一点英语	深圳无觅科技有限公司	360 手机助手	4.24.1	违规收集个人信息
30	掌中投	中国中金财富证券有限公司	360 手机助手	7.8.4	违规收集个人信息 App 强制、频繁、过度索取权限
31	漫芽糖涂色	北京枫谷科技有限公司	360 手机助手	6.8.1	违规收集个人信息 违规使用个人信息
32	免费指南针	千蝉科技（厦门）有限公司	360 手机助手	1.2.0	App 强制、频繁、过度索取权限
33	街机台球大师	深圳云步互娱网络科技有限公司	360 手机助手	1.5.24.0106	违规收集个人信息
34	精品街 9 块 9	上海小鬼网络科技有限公司	360 手机助手	6.2.3	违规收集个人信息 App 强制、频繁、过度索取权限
35	小冰冰传奇	上海中清龙图网络科技有限公司	360 手机助手	5.0.252	违规收集个人信息
36	快快查汉语字典	珠海栗子网络科技有限公司	360 手机助手	4.0.9	违规收集个人信息 App 强制、频繁、过度索取权限
37	红袖读书	北京红袖添香科技发展有限公司	360 手机助手	8.12.6	违规收集个人信息
38	草莓视频	深圳市元隆丰科技有限公司	360 手机助手	1.1.1	违规收集个人信息
39	窝友自驾	深圳市窝友之家科技有限公司	360 手机助手	9.2.2	违规收集个人信息
40	兔博士	上海礼友信息技术服务有限公司	360 手机助手	12.8.1	违规收集个人信息 App 强制、频繁、过度索取权限
41	114 票务网	南京铁行网络科技有限公司	豌豆荚	8.1.8	违规收集个人信息

续表

序号	应用名称	应用开发者	应用来源	版本号	所涉问题
42	233 小游戏	北京展心展力信息科技有限公司	豌豆荚	2.29.4.5	违规收集个人信息 超范围收集个人信息 强制用户使用定向推送功能 App 强制、频繁、过度索取权限 应用分发平台上的 App 信息明示不到位
43	PICOOC	缤刻普锐（北京）科技有限责任公司	豌豆荚	4.4.10	违规收集个人信息
44	创造与魔法	天津英雄互娱科技有限公司	豌豆荚	1.0.0292	违规收集个人信息 违规使用个人信息 App 强制、频繁、过度索取权限
45	钓鱼人	济南渔乐在线信息技术有限公司	豌豆荚	3.4.40	违规收集个人信息
46	老司机汽车	北京锋巢信息技术有限公司	豌豆荚	4.3.0.5.3	违规收集个人信息 超范围收集个人信息 违规使用个人信息 强制用户使用定向推送功能 App 强制、频繁、过度索取权限
47	魔力相册	厦门星罗网络科技有限公司	豌豆荚	4.5.7	违规收集个人信息
48	普通话测试	杭州欢创科技有限公司	豌豆荚	5.4.4	违规收集个人信息
49	企鹅体育	武汉鲨鱼网络直播技术有限公司	豌豆荚	6.9.5	违规收集个人信息
50	熊猫优选	杭州铕璨网络科技有限公司	豌豆荚	2.4.0	违规收集个人信息 违规使用个人信息
51	一起来飞车	广州有玩科技有限公司	豌豆荚	2.9.5	违规收集个人信息 App 强制、频繁、过度索取权限

续表

序号	应用名称	应用开发者	应用来源	版本号	所涉问题
52	微锁屏	威洛克科技（北京）有限公司	豌豆荚	4.1.76	违规收集个人信息
53	车行易违章查询	广州车行易科技股份有限公司	小米应用商店	7.0.5	App 强制、频繁、过度索取权限
54	狼人世界	北京默契破冰科技有限公司	小米应用商店	10.10.4	超范围收集个人信息
55	知识星球	深圳市大成天下信息技术有限公司	小米应用商店	4.22.1	违规收集个人信息
56	ETC 车宝	广东联邦车网科技股份有限公司	应用宝	4.1.1	违规收集个人信息
57	便装网	济南便装网网络科技有限公司	应用宝	3.0.3	强制用户使用定向推送功能
58	车 e 族	中石化森美（福建）石油有限公司	应用宝	3.2.13	违规收集个人信息
					超范围收集个人信息
					违规使用个人信息
					强制用户使用定向推送功能
					App 强制、频繁、过度索取权限
59	返利日记	深圳市胖胖龙网络科技有限公司	应用宝	4.4.0	强制用户使用定向推送功能
60	返利网购物联盟	广州美丽蘑菇网络科技有限公司	应用宝	3.7.0	强制用户使用定向推送功能
61	好分数家长版	北京修齐治平科技有限公司	应用宝	3.14.2	违规收集个人信息
62	快递 100	深圳前海百递网络有限公司	应用宝	6.9.3	违规收集个人信息
63	老黄历通胜－日历万年历择日	广东灵机文化传播有限公司	应用宝	5.9.8	违规收集个人信息
64	朴朴	福州朴朴电子商务有限公司	应用宝	3.1.2	违规收集个人信息
65	奇热免费小说	广州安悦网络科技有限公司	应用宝	5.2.6	违规收集个人信息

续表

序号	应用名称	应用开发者	应用来源	版本号	所涉问题
66	省钱	深圳市哥伦布服饰有限公司	应用宝	7.7.6	违规收集个人信息 强制用户使用定向推送功能
67	听伴	网乐互联（北京）科技有限公司	应用宝	5.3.6	违规收集个人信息 超氾围收集个人信息 违规使用个人信息 App 强制、频繁、过度索取权限
68	学乐云教学	杭州博世数据网络有限公司	应用宝	5.7.12	违规收集个人信息
69	豹来电	海南星辰品阅网络科技有限公司	应用宝	2.6.0.0001	违规收集个人信息
70	变形金刚：地球之战	北京游道易网络文化有限公司	应用宝	1.22.0.161	违规收集个人信息
71	彩云天气	北京彩彻区明科技有限公司	应用宝	6.0.10	违规收集个人信息 超范围收集个人信息
72	好好住	家宅一生（北京）科技有限公司	应用宝	4.19.1	违规收集个人信息
73	票根	行云数聚（北京）科技有限公司	应用宝	1.9.11	违规收集个人信息
74	人人车二手车	北京善义善美科技有限公司	应用宝	7.0.4	违规收集个人信息 超范围收集个人信息 App 强制、频繁、过度索取权限
75	普通话学习	杭州欢创科技有限公司	应用宝	9.5.3	违规收集个人信息
76	人人通空间	武汉天喻教育科技有限公司	应用宝	6.7.0	违规收集个人信息
77	顺联动力	浙江顺联网络科技有限公司	应用宝	3.1.9.5	违规收集个人信息
78	小黑鱼	南京铁帆网络科技有限公司	应用宝	5.3.6	违规收集个人信息 超范围收集个人信息 违规使用个人信息 App 强制、频繁、过度索取权限

续表

序号	应用名称	应用开发者	应用来源	版本号	所涉问题
79	抓娃娃	杭州朗图科技有限公司	应用宝	2.0.2	违规收集个人信息
80	YAO	上海潮向信息科技有限公司	应用宝	1.15.2	违规收集个人信息 违规使用个人信息
81	闲来广东麻将	北京闲徕互娱网络科技有限公司	应用宝	6.0.4	违规收集个人信息
82	多多指南针	北京多拓世纪科技有限公司	应用宝	3.5.6	违规收集个人信息
83	儿歌点点	北京萌宝科技有限公司	应用宝	3.0.92.release	违规收集个人信息
84	包小省	台州清懂网络科技有限公司	应用宝	3.1.1	违规收集个人信息
85	白块儿达人	武汉市多比特信息科技有限公司	搜狗手机助手	1.41	违规收集个人信息
86	云美摄	北京云摄美网络科技有限公司	搜狗手机助手	3.9.17	违规收集个人信息 违规使用个人信息
87	歌者盟学唱歌	南京歌者盟网络科技有限公司	搜狗手机助手	5.0.0	违规收集个人信息
88	IS 语音	上海勤和互联网技术软件开发有限公司	搜狗手机助手	3.7.2.01071	违规收集个人信息
89	嗨学课堂	北京嗨学网教育科技股份有限公司	搜狗手机助手	5.2.12	违规收集个人信息
90	兼客兼职找工作赚钱	福州闲时间网络科技有限公司	搜狗手机助手	3.7.7.0	违规收集个人信息
91	城市飞车	深圳市海富荣网络科技有限公司	vivo 应用商店	6.9.9	违规收集个人信息
92	美册视频制作	杭州美册科技有限公司	vivo 应用商店	3.5.8	违规收集个人信息
93	车智汇	广州亚美信息科技有限公司	vivo 应用商店	9.0.0	违规收集个人信息 App 强制、频繁、过度索取权限
94	一跳到底	深圳市乐云无线科技有限公司	vivo 应用商店	1.5.0	违规收集个人信息 App 强制、频繁、过度索取权限

续表

序号	应用名称	应用开发者	应用来源	版本号	所涉问题
95	猫咪视频直播	深圳市友娱科技有限公司	vivo 应用商店	1.1.9	违规收集个人信息
96	单机斗地主（开心版）	游讯在线（北京）科技有限公司	OPPO 软件商店	10.3.3.2	违规收集个人信息
					违规使用个人信息
97	红包捕手	上饶市云洋科技有限公司	OPPO 软件商店	2.6.11	违规收集个人信息
98	考虫	北京多知科技有限公司	OPPO 软件商店	3.23.1	违规收集个人信息
99	联动云租车	深圳前海联动云汽车租赁有限公司	OPPO 软件商店	5.5.3	违规收集个人信息
					App 强制、频繁、过度索取权限
100	中国象棋竞技版	北京蓝色创想网络科技有限公司	OPPO 软件商店	2.0.3	违规收集个人信息
					App 强制、频繁、过度索取权限
101	微信双开	领先商城（深圳）科技有限公司	OPPO 软件商店	3.4.5	违规收集个人信息
102	战警联萌	天津羽仁科技有限公司	OPPO 软件商店	13.2	App 强制、频繁、过度索取权限
103	哎哟有型	上海欢世电子商务有限公司	OPPO 软件商店	3.4.14	违规收集个人信息
104	Canva 可画	北京咖瓦信息技术有限公司	百度手机助手	6.9.9	违规收集个人信息
105	影视大全	金华锦尚科技有限公司	360 手机助手	3.9.5	违规收集个人信息
					欺骗误导用户下载 App
					应用分发平台上的 App 信息明示不到位
106	消灭星星全新版	掌游天下（北京）信息技术股份有限公司	360 手机助手	5.4.7	违规收集个人信息
					App 强制、频繁、过度索取权限
107	神奇手机管家	上海碳蓝网络科技有限公司	OPPO 软件商店	5.3.13	超范围收集个人信息

续表

序号	应用名称	应用开发者	应用来源	版本号	所涉问题
108	王者荣耀助手	玩咖欢聚文化传媒（北京）有限公司	OPPO 软件商店	13.1.18.1	违规收集个人信息
					违规使用个人信息
					App 强制、频繁、过度索取权限
					欺骗误导用户下载 App
					应用分发平台上的 App 信息明示不到位
109	连尚免费读书	南京大众书网图书文化有限公司	OPPO 软件商店	f2.0.8.2	超范围收集个人信息
					应用分发平台上的 App 信息明示不到位
110	新晴天气	重庆赋比兴科技有限公司	OPPO 软件商店	8.06.2	违规收集个人信息
111	戏曲多多	北京电音多多科技有限公司	OPPO 软件商店	2.1.4.0	违规收集个人信息
112	CCtalk	上海享互网络科技有限公司	OPPO 软件商店	7.7.16	违规收集个人信息
					违规使用个人信息
					App 强制、频繁、过度索取权限
113	美物清单	美迅科技（北京）有限公司	OPPO 软件商店	2.1.6	违规收集个人信息
114	步多多	上海序言泽网络科技有限公司	OPPO 软件商店	1.6.2	欺骗误导用户下载 App
115	学习通	北京世纪超星信息技术发展有限责任公司	vivo 应用商店	4.8.1	违规收集个人信息
116	丝瓜视频	武汉雨声网络科技有限公司	vivo 应用商店	1.7.6	违规收集个人信息
					App 强制、频繁、过度索取权限
117	爱婴室	上海爱婴室商务服务股份有限公司	vivo 应用商店	5.10.2	违规收集个人信息
					违规使用个人信息
118	阿瓦隆	北京星河时代信息技术有限公司	华为应用市场	2.0.11	违规收集个人信息
119	车轮驾考通考驾照	车轮互联科技（上海）股份有限公司	小米应用商店	8.1.5	超范围收集个人信息

续表

序号	应用名称	应用开发者	应用来源	版本号	所涉问题
120	车友头条	武汉木仓信息技术有限公司	小米应用商店	5.2.1	超范围收集个人信息
121	乐教乐学	北京世纪飞育软件有限责任公司	应用宝	1.0.230	违规收集个人信息
122	熊猫四川麻将	北京闲徕互娱网络科技有限公司	应用宝	1.0.45	违规收集个人信息
					违规使用个人信息
123	喝水时间	合肥盛之昌网络科技有限公司	OPPO 软件商店	1.3.123	违规收集个人信息
					违规使用个人信息
124	拉风优惠	无锡拉风无限科技有限公司	OPPO 软件商店	9.5	违规收集个人信息
					违规使用个人信息
125	彩云小译	北京彩彻区明科技有限公司	应用宝	2.7.2	违规收集个人信息
					违规使用个人信息
126	极速清理管家	北京亿玖光年科技有限公司	OPPO 软件商店	1.10.2	违规收集个人信息
					应用分发平台上的 App 信息明示不到位
127	花生地铁	南方银谷科技有限公司	OPPO 软件商店	5.7.6	违规收集个人信息
128	保险师	杭州微易信息科技有限公司	应用宝	6.5.1	违规收集个人信息
					违规使用个人信息
					App 强制、频繁、过度索取权限
129	微鲤看看	北京微鲤科技有限公司	应用宝	2.1.6	违规收集个人信息
					违规使用个人信息
130	大姨妈	北京康智乐思网络科技有限公司	百度手机助手	8.3.3	违规收集个人信息
131	365 日历万年历	北京时连天下科技有限公司	360 手机助手	7.4.2	违规收集个人信息
					违规使用个人信息
132	大唐麻将	北京棋开德胜科技有限公司	应用宝	5.8	违规收集个人信息
					违规使用个人信息
133	海豚家	北京凯谱乐科技有限公司	OPPO 软件商店	2.8.1	违规收集个人信息

续表

序号	应用名称	应用开发者	应用来源	版本号	所涉问题
134	和彩云网盘	中移互联网有限公司	OPPO 软件商店	mCloud7.4.5	违规收集个人信息
135	欢乐捕鱼人	上海炫讯科技有限公司	OPPO 软件商店	V1.7.18	违规收集个人信息
136	GoFun 出行	北京首汽智行科技有限公司	OPPO 软件商店	5.5.3.1	违规收集个人信息
137	万年历日历黄历	宁波润吉网络科技有限公司	OPPO 软件商店	4.3.4	App 强制、频繁、过度索取权限
138	新东方多纳	北京新东方迅程网络科技股份有限公司	应用宝	8.2.0	违规收集个人信息
139	喵咪跑酷	南京伦焰网络科技有限公司	vivo 应用商店	1.1.7	违规收集个人信息
					超范围收集个人信息
140	微商相册	深圳市微购科技有限公司	vivo 应用商店	v2.8.24.01111035	违规收集个人信息
141	理论培训	北京通安信息技术有限公司	vivo 应用商店	2.8.53	违规收集个人信息
					App 强制、频繁、过度索取权限
142	麦咭 TV	湖南金鹰卡通传媒有限公司	豌豆荚	3.5.8	违规收集个人信息
143	全能计算器	成都之洲科技有限公司	百度手机助手	17.0.2	违规收集个人信息
144	无忧行	中国移动国际有限公司	OPPO 软件商店	6.7.2	违规收集个人信息
					违规使用个人信息
					App 强制、频繁、过度索取权限
145	微车违章查询	北京步鼎方舟科技有限公司	vivo 应用商店	8.3.4	违规收集个人信息
146	易企秀	北京中网易企秀科技有限公司	vivo 应用商店	4.26.0	违规收集个人信息
147	OurPlay 极速版	上海卓安信息科技有限公司	vivo 应用商店	1.0.2	违规收集个人信息
					App 强制、频繁、过度索取权限
148	5G 韭黄电话助理	厦门韭黄科技有限公司	应用宝	1.3.2	违规收集个人信息

续表

<table>
<tr><th>序号</th><th>应用名称</th><th>应用开发者</th><th>应用来源</th><th>版本号</th><th>所涉问题</th></tr>
<tr><td>149</td><td>免费追书</td><td>霍尔果斯鸿鹭华阅文化传播有限公司</td><td>豌豆荚</td><td>7.3.0</td><td>App 强制、频繁、过度索取权限</td></tr>
<tr><td>150</td><td>小恩爱</td><td>深圳市梦之舵信息技术有限公司</td><td>vivo 应用商店</td><td>7.0.56</td><td>违规收集个人信息</td></tr>
<tr><td rowspan="3">151</td><td rowspan="3">好豆</td><td rowspan="3">北京好豆网络科技有限公司</td><td rowspan="3">豌豆荚</td><td rowspan="3">8.2.3</td><td>违规收集个人信息</td></tr>
<tr><td>强制用户使用定向推送功能</td></tr>
<tr><td>App 强制、频繁、过度索取权限</td></tr>
<tr><td>152</td><td>更美</td><td>北京完美创意科技有限公司</td><td>百度手机助手</td><td>7.38.3</td><td>App 强制、频繁、过度索取权限</td></tr>
<tr><td>153</td><td>WiFi 钥匙</td><td>厦门众联世纪科技有限公司</td><td>应用宝</td><td>6.0.7</td><td>违规收集个人信息</td></tr>
<tr><td rowspan="2">154</td><td rowspan="2">淘最热点</td><td rowspan="2">上海麦晗科技有限公司</td><td rowspan="2">OPPO 软件商店</td><td rowspan="2">2.6.3</td><td>违规收集个人信息</td></tr>
<tr><td>欺骗误导用户下载 App</td></tr>
<tr><td>155</td><td>车主一点通</td><td>北京五八信息技术有限公司</td><td>vivo 应用商店</td><td>7.7.0</td><td>App 强制、频繁、过度索取权限</td></tr>
<tr><td>156</td><td>第一视频</td><td>北京第一视频网络技术集团有限公司</td><td>百度手机助手</td><td>9.1.1013</td><td>违规收集个人信息</td></tr>
<tr><td>157</td><td>一米工作</td><td>无锡一米网络有限公司</td><td>豌豆荚</td><td>8.0.0</td><td>违规收集个人信息</td></tr>
</table>

（十七）关于下架侵害用户权益 App 名单的通报

1 月 22 日，我部向社会通报了 157 家存在侵害用户权益行为 App 企业的名单。截至目前，经第三方检测机构核查复检，尚有 37 款 App 未按照我部要求完成整改（详见附件）。

依据《中华人民共和国网络安全法》和《移动智能终端应用软件预置和分发管理暂行规定》（工信部信管〔2016〕407 号）等法律和规范性文件要求，我部组织对上述 37 款 App 进行下架。相关应用商店应在本通报发布后，立即组织对名单中应用软件进行下架处理。

附件：下架的应用软件名单

工业和信息化部信息通信管理局

2021 年 2 月 3 日

下架的应用软件名单

序号	应用名称	应用开发者	应用版本
1	消灭星星全新版	掌游天下（北京）信息技术股份有限公司	5.4.8
2	大姨妈	北京康智乐思网络科技有限公司	8.3.4
3	车轮驾考通考驾照	车轮互联科技（上海）股份有限公司	8.1.6
4	神奇手机管家	上海碳蓝网络科技有限公司	5.3.15
5	相机 360	成都品果科技有限公司	9.9.4
6	365 日历万年历	北京时连天下科技有限公司	7.4.2
7	海豚家	北京凯谱乐科技有限公司	2.8.6
8	花生地铁	南方银谷科技有限公司	5.7.7
9	听伴	网乐互联（北京）科技有限公司	5.3.7
10	哎哟有型	上海欢世电子商务有限公司	3.4.15
11	奇热免费小说	广州安悦网络科技有限公司	5.2.7
12	微锁屏	威洛克科技（北京）有限公司	4.1.77
13	中国象棋竞技版	北京蓝色创想网络科技有限公司	2.0.4
14	喵咪跑酷	南京伦焰网络科技有限公司	1.1.8
15	单机斗地主（开心版）	游讯在线（北京）科技有限公司	10.3.3.3
16	趣看点	宁德市众人网络科技有限公司	4.6.0
17	好豆	北京好豆网络科技有限公司	8.2.6
18	无忧行	中国移动国际有限公司	6.7.7
19	微车违章查询	北京步鼎方舟科技有限公司	8.3.5
20	易企秀	北京中网易企秀科技有限公司	4.27.0
21	周末去哪儿	上海烜奕传媒科技有限公司	6.4.4
22	艺龙酒店	艺龙网信息技术（北京）有限公司	9.74.0
23	豹来电	海南星辰品阅网络科技有限公司	2.6.0.0001
24	精品街 9 块 9	上海小鬼网络科技有限公司	6.2.4
25	114 票务网	南京铁行网络科技有限公司	8.2.1
26	变形金刚：地球之战	北京游道易网络文化有限公司	2.0.0.201
27	兼客兼职找工作赚钱	福州闲时间网络科技有限公司	3.7.8.0
28	猫咪视频直播	深圳市友娱科技有限公司	1.1.9
29	PICOOC	缤刻普锐（北京）科技有限责任公司	4.4.11

续表

序号	应用名称	应用开发者	应用版本
30	爱婴室	上海爱婴室商务服务股份有限公司	5.10.5
31	云美摄	北京云摄美网络科技有限公司	3.9.20
32	街机台球大师	深圳云步互娱网络科技有限公司	1.5.24.0106
33	草莓视频	深圳市元降丰科技有限公司	1.1.2
34	OurPlay 极速版	上海卓安信息科技有限公司	1.0.2
35	东风出行	东风畅行科技股份有限公司	5.5.1
36	歌者盟学唱歌	南京歌者盟网络科技有限公司	5.0.1
37	MiHome	福州米立科技有限公司	1.2.2

（十八）关于违规调用麦克风、通讯录、相册等权限侵害用户权益行为的 App 通报（2021 年第二批）

针对近期社会关注的麦克风、通讯录、相册权限问题，依据《中华人民共和国网络安全法》《中华人民共和国电信条例》《电信和互联网用户个人信息保护规定》等法律法规，结合《工业和信息化部关于开展纵深推进 App 侵害用户权益专项整治行动的通知》（工信部信管函〔2020〕164 号），我部组织第三方检测机构对手机应用软件进行检查，督促存在问题的企业进行整改。截至目前，尚有 26 款 App 未完成整改（详见附件），上述 App 应在 2 月 10 日前完成整改落实工作。逾期不整改的，我部将依法依规组织开展相关处置工作。

附件：存在问题的应用软件名单（2021 年第二批，总第十一批）

工业和信息化部信息通信管理局

2021 年 2 月 5 日

存在问题的应用软件名单（**2021**年第二批，总第十一批）

序号	应用名称	应用开发者	应用来源	应用版本	所涉问题
1	橘兔语音	成都厚荣辉耀网络科技有限公司	应用宝	1.0.16	违规收集个人信息
					App 强制、频繁、过度索取权限
					强制用户使用定向推送功能

续表

序号	应用名称	应用开发者	应用来源	应用版本	所涉问题
2	小智同学	上海沁智科技有限公司	OPPO 软件商店	2.0.3	违规收集个人信息 App 强制、频繁、过度索取权限 欺骗误导用户下载 App 应用分发平台上的 App 信息明示不到位
3	声吧	深圳市创造客科技有限公司	华为应用市场	2.15.0	违规收集个人信息
4	纯纯语音	广西梦语科技有限公司	vivo 应用商店	1.0.9	违规收集个人信息
5	戏鲸	北京久幺幺科技有限公司	vivo 应用商店	1.8.0	App 强制、频繁、过度索取权限
6	语声	广西旅途网络科技有限公司	vivo 应用商店	1.0.3	违规收集个人信息 App 强制、频繁、过度索取权限
7	暖心语音	广州龙羽网络科技有限公司	vivo 应用商店	1.1.7	App 强制、频繁、过度索取权限
8	UC 浏览器	北京优视网络有限公司	搜狗手机助手	13.2.5.1105	欺骗误导用户下载 App
9	QQ 输入法	北京搜狗科技发展有限公司	小米应用商店	8.2.2	违规收集个人信息
10	有讯网络电话	深圳市如虹网络科技有限公司	OPPO 软件商店	2.2.2	App 强制、频繁、过度索取权限
11	语音导出	北京华夏永宏科技有限公司	华为应用市场	7.7.9	违规收集个人信息
12	uni 语音	重庆辉跃网络科技有限公司	豌豆荚	2.2.11	违规收集个人信息 App 强制、频繁、过度索取权限
13	安全换机	西安欧思奇软件有限公司	360 手机助手	4.05.0100	App 强制、频繁、过度索取权限
14	KK 键盘	北京闪趣信息技术有限公司	小米应用商店	1.8.9.8812	欺骗误导用户下载 App 应用分发平台上的 App 信息明示不到位
15	快输入	聚越信息技术（上海）有限公司	小米应用商店	1.5.6	违规收集个人信息 违规使用个人信息

续表

序号	应用名称	应用开发者	应用来源	应用版本	所涉问题
16	手心输入法	北京奇元科技有限公司	vivo 应用商店	3.1.0	违规收集个人信息 违规使用个人信息
17	智云健康	杭州康晟健康管理咨询有限公司	OPPO 软件商店	5.6.5	App 强制、频繁、过度索取权限
18	相机恶作剧	深圳市大宇创新科技有限公司	OPPO 软件商店	2.0	App 强制、频繁、过度索取权限
19	微商输入法	北京鹏图助梦科技有限公司	vivo 应用商店	2.4.2	违规收集个人信息 违规使用个人信息 欺骗误导用户下载 App 应用分发平台上的 App 信息明示不到位
20	墨迹天气	北京墨迹风云科技股份有限公司	搜狗手机助手	8.0606.02	超范围收集个人信息
21	乐动穿戴	深圳市腾进达信息技术有限公司	豌豆荚	2.1	违规收集个人信息 App 强制、频繁、过度索取权限
22	WoFit	迦沃科技（深圳）有限公司	应用宝	5.1.1	违规收集个人信息
23	考拉睡眠	南宁耐动网络科技有限公司	OPPO 软件商店	2.4.0	违规收集个人信息 App 强制、频繁、过度索取权限
24	WiiWear	深圳唯特智能技术有限公司	OPPO 软件商店	1.1.0.3	违规收集个人信息 强制用户使用定向推送功能
25	废废	临沂七星信息技术有限责任公司	小米应用商店	4.3.9	违规收集个人信息
26	智能穿戴体温计	北京五洲康泰科技有限公司	OPPO 软件商店	1.0.7	违规收集个人信息 强制用户使用定向推送功能 App 强制、频繁、过度索取权限

工业和信息化部 App 专项治理工作情况分析

为维护用户个人信息安全，保障用户权益，工业和信息化部持续开展 App 专项治理行动，取得了重要的阶段性进展，个人信息保护有关突出性问题得以明显改善，各类企业积极配合整改，社会各界广泛予以好评。2019 年 10 月，工业和信息化部聚焦人民群众反映强烈、社会关注度高的 App 侵害用户权益行为，发布了《工业和信息化部关于开展 App 侵害用户权益专项整治工作的通知》（工信部信管函〔2019〕337 号），重点整治“私自收集个人信息”“不给权限不让用”等 4 个方面 8 类问题。2020 年 7 月，针对 App 违规收集和使用用户个人信息、骚扰用户、应用分发平台管理责任落实不到位等突出问题，发布了《工业和信息化部关于开展纵深推进 App 侵害用户权益专项整治行动的通知》（工信部信管函〔2020〕164 号），重点对“App、SDK 违规处理用户个人信息”“欺骗误导用户”等 4 个方面 10 类问题继续深入开展专项整治。

截至 2021 年 2 月，App 专项整治行动共开展了 11 批，对 2205 款 App 发出整改通知，公开通报 659 款整改不到位的 App，下架 163 款仍存在问题的 App。其中，违规收集个人信息，强制、频繁、过度索取权限，违规使用个人信息和定向推送问题较为突出。App 专项整治行动的检测范围覆盖实用工具、教育学习、网上购物、通信社交、游戏娱乐、旅游出行等 30 个应用类型。多数 App 在通报后及时整改，再次被通报的情况较少，但仍有 27 款应用被两次点名。后续专项整治行动还将进一步向纵深推进，切实提升 App 服务的个人信息保护水平。

（一）337 号文专项治理情况

按照《工业和信息化部关于开展App侵害用户权益专项整治工作的通知》（工信部信管函〔2019〕337 号，简称 337 号文）部署，App 侵害用户权益专项整治行动共开展 6 批，累计通知 508 款违规 App 进行整改，公开通报 145 款 App，占通知 App 的比重为 28.54%，下架 11 款 App，占通知 App 的比重为 2.17%。337 号文各批次通知、通报、下架 App 数量如图 2-1 所示。

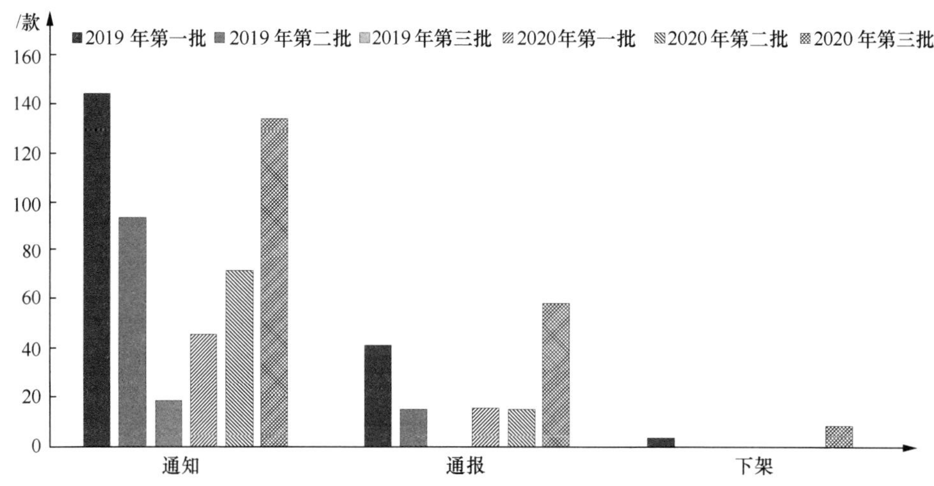

图 2-1　337 号文各批次通知、通报、下架 App 数量

在通知 App 整改阶段，问题数量排名前 4 位的有私自收集个人信息、账号注销难、过度索取权限和私自共享给第三方，分别占比 20%、16%、15% 和 14%。其中，私自收集个人信息的问题最为突出，在通报问题中占比达 25%。另外，超范围收集个人信息和频繁申请权限的问题得到了较为明显的改善，下架阶段相比于通知阶段，问题占比下降了约 60%。337 号文各阶段问题数量如图 2-2 所示。337 号文通知 App 问题项如图 2-3 所示。337 号文通报 App 问题项如图 2-4 所示。337 号文下架 App 问题项如图 2-5 所示。

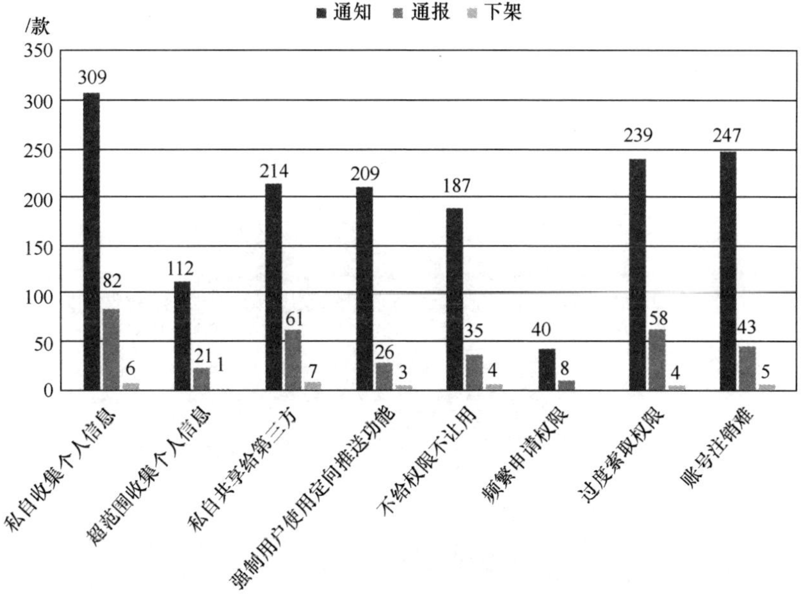

图 2-2　337 号文各阶段问题数量

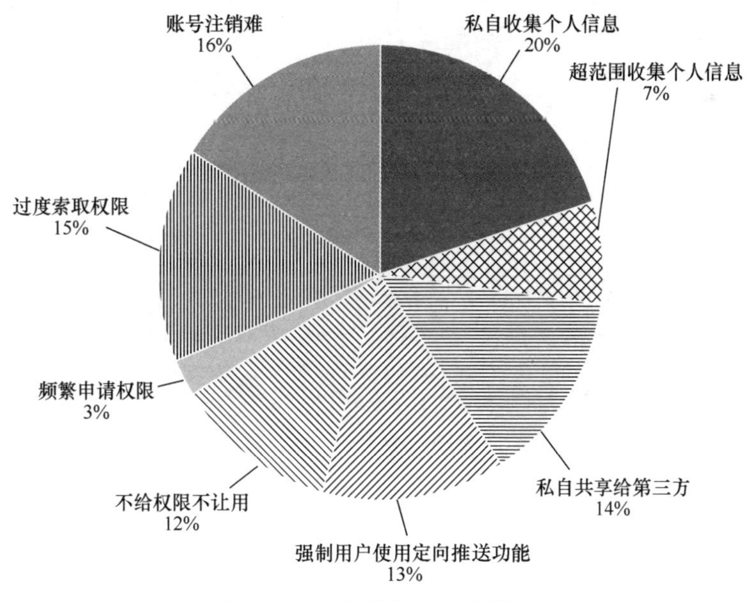

图 2-3　337 号文通知 App 问题项

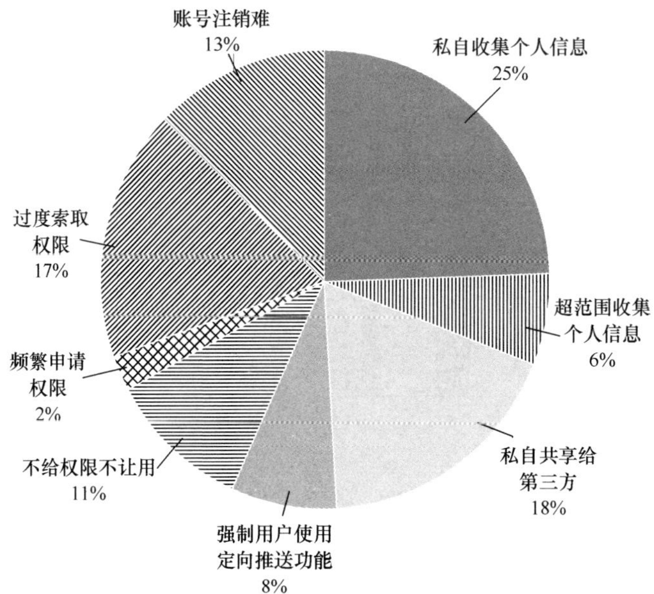

图 2-4　337 号文通报 App 问题项

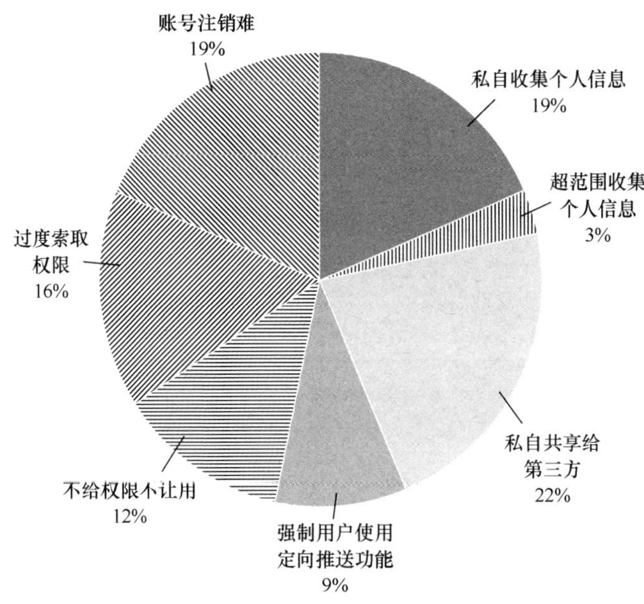

图 2-5　337 号文下架 App 问题项

App侵害用户权益专项整治行动的检测范围共涵盖27个App类型，从违规App的类型分布来看，教育学习类App占比最高，达53款，占全部违规App的10.43%。金融服务类、新闻资讯类和实用工具类App数量分别达42款、37款和36款，分列违规App类型数量的第二、第三和第四位，占全部违规App的比重分别为8.27%、7.28%和7.09%。在下架App中，游戏娱乐类App的占比最高，有3款，占全部下架App的27.27%。337号文各批次App类型见表2-1。

表2-1　337号文各批次App类型

	办公商务	博客论坛	餐饮外卖	地图导航	房屋集市	健康医疗
通知	13	11	11	2	10	13
通报	2	4	2	0	2	5
下架	1	1	0	0	0	1
	健康运动	教育学习	金融服务	快递速运	旅游出行	上网输入
通知	13	53	42	6	30	7
通报	4	17	14	2	7	0
下架	1	0	0	0	0	0
	摄影图像	生活日常	实用工具	通信社交	图书阅读	网上购物
通知	11	24	36	17	18	29
通报	4	5	10	4	4	5
下架	0	0	0	0	0	0
	新闻资讯	音乐音频	影音播放	应用商店	游戏娱乐	招聘婚恋
通知	37	16	23	2	29	16
通报	16	3	8	0	11	7
下架	1	1	1	0	3	1
	直播短视频	安全管理	交通票务			
通知	29	6	4			
通报	8	1	0			
下架	0	0	0			

（二）164号文专项治理情况

按照《工业和信息化部关于开展纵深推进App侵害用户权益专项整治行动

的通知》（工信部信管函〔2020〕164 号，简称 164 号文）部署，工业和信息化部切实加强用户个人信息保护，为人民群众提供更安全、更健康、更干净的信息环境，开展纵深推进 App 侵害用户权益专项整治行动。截至 2021 年 2 月，专项整治行动共开展 5 批次，针对 1697 款 App 下发整改通知，公开通报 514 款 App，占通知 App 的比重为 30.29%，下架 152 款 App，占通知 App 的比重为 8.96%。相比于针对 337 号文开展的 App 侵害用户权益专项整治行动，针对 164 号文的检测数量显著增加，同时处罚力度也明显加大。164 号文各批次通知、通报、下架 App 问题数量如图 2-6 所示。

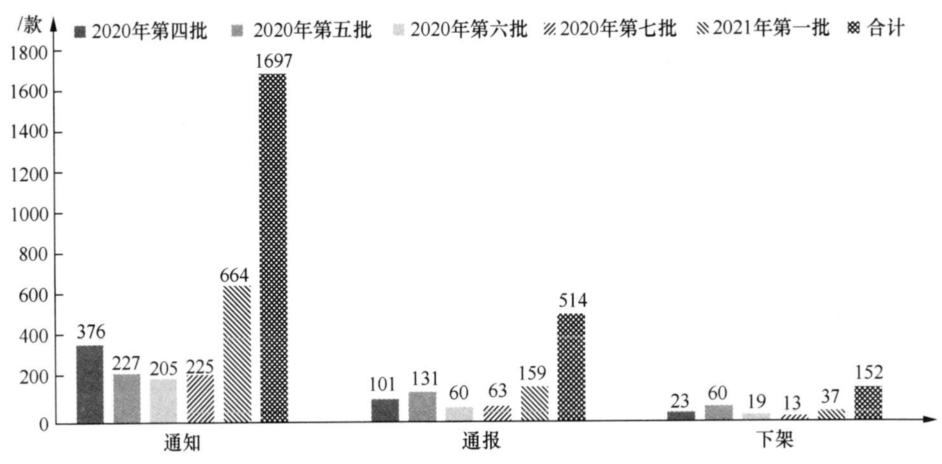

图 2-6　164 号文各批次通知、通报、下架 App 问题数量

在通知 App 整改阶段，问题数量排名前 3 位的有违规收集个人信息、违规使用个人信息和 App 强制、频繁、过度索取权限，分别占比 40%、20% 和 18%。其中，违规收集个人信息的问题最为突出，在通报问题中占比达 52%，在下架问题中占比高达 73%。另外，违规使用个人信息和强制用户使用定向推送功能的问题得到了较为明显的改善，下架阶段相比于通知阶段，问题占比下降了约 60%。164 号文各阶段 App 问题数量如图 2-7 所示。164 号文通知 App 问题项如图 2-8 所示。164 号文通报 App 问题项如图 2-9 所示。164 号文下架 App 问题项如图 2-10 所示。

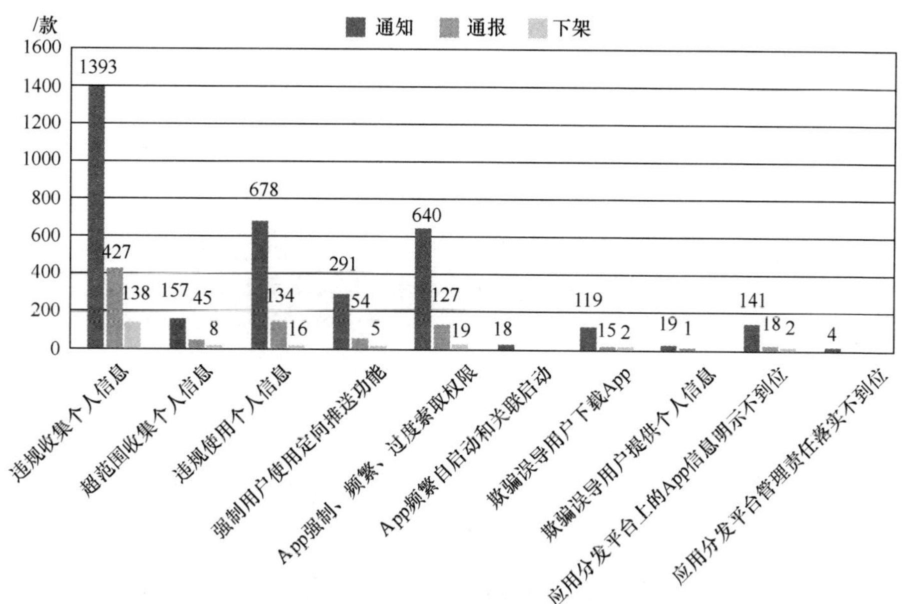

图 2-7　164 号文各阶段 App 问题数量

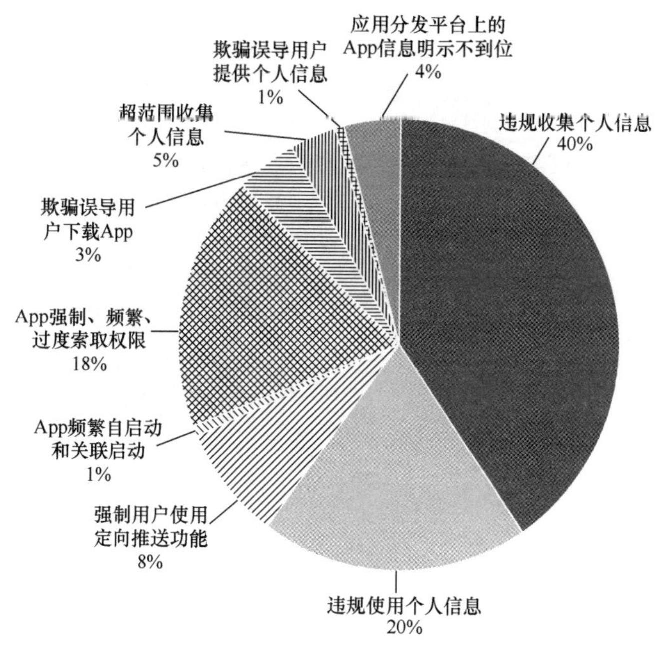

图 2-8　164 号文通知 App 问题项

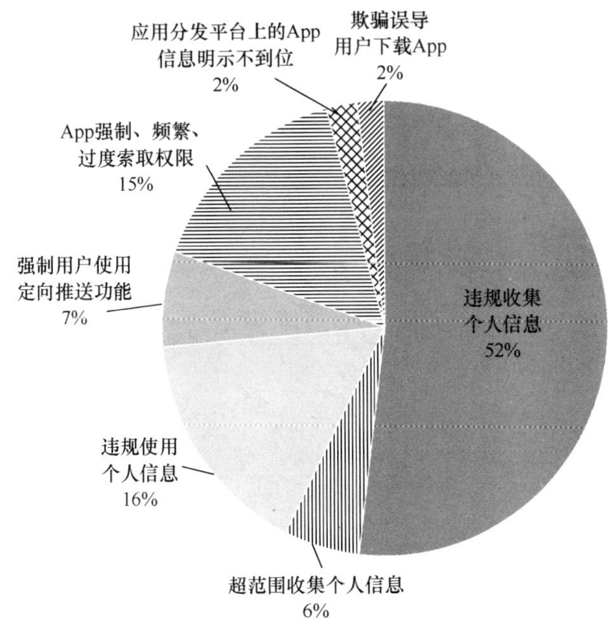

图 2-9 164 号文通报 App 问题项

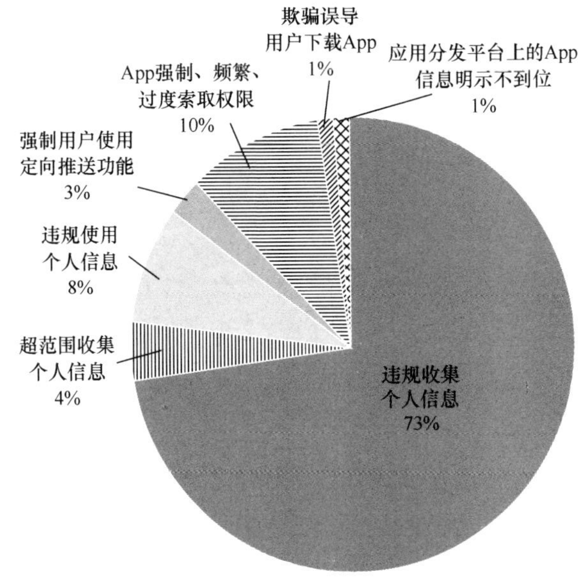

图 2-10 164 号文下架 App 问题项

根据 164 号文开展的 App 侵害用户权益专项整治行动，检测范围共涵盖 30

个 App 类型，从违规 App 的类型分布来看，实用工具类 App 占比最高，达 196 款，占全部违规 App 的 11.55%。教育学习类、网上购物类和通信社交类 App 数量分别达 168 款、154 款和 136 款，分列违规 App 类型数量的第二、三和四位，占全部违规 App 的比重分别为 9.90%、9.07% 和 8.01%。在下架应用中，实用工具类 App 占比最高，达 20 款，占全部下架 App 的 13.16%。164 号文各批次 App 类型见表 2-2。

表2-2　164号文各批次App类型

	安全管理	办公商务	博客论坛	地图导航	房屋集市	健康医疗
通知	7	35	10	4	15	46
通报	2	12	1	0	4	15
下架	1	1	0	0	2	4
	健康运动	教育学习	金融服务	快递速运	旅游出行	上网输入
通知	59	168	43	27	98	12
通报	15	58	11	5	26	0
下架	3	15	2	3	5	0
	摄影图像	生活日常	实用工具	视频编辑	通信社交	图书阅读
通知	32	92	196	6	136	93
通报	10	28	60	2	52	26
下架	2	8	20	2	15	10
	网上购物	新闻资讯	音乐音频	影音播放	应用商店	游戏娱乐
通知	154	53	43	67	14	130
通报	51	11	11	22	1	36
下架	17	4	3	8	0	10
	招聘婚恋	直播短视频	餐饮外卖	摄像头	输入法	交通票务
通知	15	78	21	14	14	14
通报	5	22	8	8	4	8
下架	3	8	2	3	0	1

互联网信息服务投诉平台受理情况

（一）建立互联网信息服务投诉平台

1. 互联网投诉平台基本情况

为建立健全互联网信息服务监管体系，进一步加强互联网信息服务管理，切实保障互联网用户合法权益，工业和信息化部指导中国互联网协会（中国信息通信研究院）建立“互联网信息服务投诉平台”（以下简称投诉平台），畅通互联网用户投诉维权渠道，为强化互联网信息服务监管提供有效抓手。

投诉平台采取“用户投诉、企业处置、中心督促、政府指导”的工作模式，通过投诉平台实现投诉信息及处理的自动对接流转。工业和信息化部制定了互联网信息服务用户投诉管理相关规章及规范性文件，指导投诉平台运营及互联网企业投诉处理工作。

用户通过投诉平台官方网站或微信公众号发起投诉，投诉平台接收后自动转发至被投诉企业，由被投诉企业进行实际调查处理，一定时限内答复用户，并在投诉平台登记投诉处理过程及结果，用户可对投诉处理情况进行满意度评价。

2019 年 4 月 8 日，投诉平台上线试运行，接收投诉信息。阿里巴巴、百度、京东、美团、腾讯、唯品会、携程、新浪、支付宝、字节跳动等企业成为第一批接入投诉平台的互联网企业。2019 年 7 月 11 日，投诉平台在中国互联网大会上发布，正式上线，新增新浪微博、长城宽带、探探文化、爱奇艺、猎豹移动、中外法制网、苏宁易购 7 家企业。

截至 2021 年 1 月，投诉平台接入企业共计 76 家，包括 3 家基础电信企业和

73 家互联网企业。

2. 投诉平台主要功能

一是接收用户投诉，切实保障用户合法权益。投诉平台坚持“以人民为中心”的发展思想，致力于服务用户，快速化解用户与企业之间的服务纠纷，主要受理个人信息保护、服务功能、企业投诉机制 3 个方面问题。例如，未经用户同意收集、使用、分享用户个人信息，收集提供服务所必需以外的个人信息等侵犯个人知情权及信息安全的行为；采用欺骗、误导或者强迫用户下载、安装、运行、升级、卸载软件，提供与宣传或承诺不符的服务或产品等降低服务质量、影响功能使用的行为等。同时，投诉平台会通过官方网站、微信公众号、官方微博号、头条号，定期对外发布通报与消费提醒等相关消息，维护用户权益。

二是服务政府监管，助力开展互联网企业服务量化考核。投诉平台会监测投诉解决率、处理时限、用户满意度等关键指标，通过内部通报的方式督促企业做好投诉处理工作，及时报送统计分析月报，针对处理不及时、用户满意度低等企业进行约谈、督促整改；同时投诉平台会监测发现热点问题并向监管部门报告，通过投诉内容及投诉量监测发现企业经营问题，并及时上报，协助工业和信息化部及地方通信监管部门提前预判情况。2020 年 5 月，《工业和信息化部关于 2020 年信息通信行业行风建设暨纠风工作的指导意见》确定互联网企业行风纠风工作考核指标为“互联网企业在互联网信息服务投诉平台的用户投诉处理及时率不低于 80%”。自此，“投诉处理及时率”成为工业和信息化部对互联网企业服务量化考核的首个指标，对相关企业提高投诉处理效率和用户满意度发挥了促进作用。

三是推动企业服务水平提升。投诉平台致力于服务互联网企业，通过发现并通报投诉问题，推动企业服务水平提升；督促企业及时、高效地处理用户投诉，与企业保持良好的沟通，通过投诉平台系统的通知功能、微信群等督促企业遵守《互联网信息服务投诉处理规则》，针对企业在处理及答复过程中存在的典型问题提出改进建议。同时投诉平台持续推进、引导企业接入，在日常性转办工作、对外发布通报等场景中积极介绍宣传投诉平台，引导企业接入，并定期向工业和信息化部报送建议督办名单。

3. 用户投诉基本情况

2020 年，投诉平台共收到用户投诉 144808 件。其中，互联网企业收到投诉 113114 件，基础电信企业收到 31694 件。在工业和信息化部职责范围内，互联网企业收到投诉 72919 件，其中，个人信息保护类投诉 11682 件，占比 16%；服务功能类投诉 34154 件，占比 46.8%；企业投诉机制类投诉 14146 件，占比 19.4%；其他类投诉 12937 件，占比 17.7%。

（二）App 侵害用户权益问题投诉情况分析

2020 年，在工业和信息化部职责范围内，投诉平台共收到个人信息保护类投诉 11682 件，其中，App 侵害用户权益类的投诉 9159 件，占比 78.4%。

从每个月的投诉情况看，2020 年 7 月，App 侵害用户权益类投诉量激增，其余月份投诉量较为平稳。

从投诉问题看，2020 年，App 侵害用户权益类投诉中，账号注销类投诉量最多，查询、更正个人信息类投诉量相对较少。

1. 不合理索取权限、频繁骚扰

此类的主要问题有以下 3 个。**一是过度索取权限**。例如，用户反馈一些企业 App 过度索取“存储”权限；部分 App 只单纯看视频，不保存视频也需要存储权限；一些企业 App 强行要求人脸识别认证，不进行认证则无法使用。**二是频繁索取权限**。例如，用户投诉某企业 App 后台频繁索要相机权限；用户反馈一些企业频繁索取用户地理位置权限。**三是不给权限不让用**。例如，用户投诉某款 App 强行索取设备信息权限，不给不让登录；用户反馈某款 App 在接收红包和收款时强制获取身份证人脸信息，不给权限被拒绝使用服务；用户反馈一些企业软件在初次打开时向用户申请“定位”“麦克风”“电话”“媒体资料库”等权限，但是用户必须全部同意开通这些权限才能打开并继续使用软件，如果取消其中任意一个权限，则无法继续使用。

2. 查询、更正个人信息不便

此类的主要问题有以下几个。例如，用户反馈部分 App 无法更换密保手机号码、无法更换游戏认证信息；用户投诉某社交 App 无法更改绑定手机号码，无法清除过期会员状态；用户投诉某贴吧，在会员早已过期的情况下仍显示为会员，用户无法更改该信息；用户投诉某视频 App 在用户身份证变更的情况下，无法更改实名认证的姓名。

3. 收集、使用个人信息不规范

此类的主要问题有以下 4 个。**一是将个人信息用于提供服务以外的目的**。例如，用户投诉某网盘 App，在仅有访问通讯录权限的情况下，擅自修改用户通讯录信息；用户反馈某微博客 App 过度索取用户权限，未经授权私自使用用户账号给不明帖子点赞。**二是私自收集个人信息**。例如，用户投诉某电子商务 App 实名验证过程中未经用户许可强行开通招商银行免密支付功能；用户反馈某企业 App 在关闭相关好友邀请记录后依然获取隐私信息发送邀请通知；用户反馈部分 App 在确认收货时自动开启相机，且无法关闭。**三是强制用户使用定向推送功能**。例如，用户反馈某款 App 订阅号一直向用户推送非关注订阅号的信息，且无法关闭自动推荐。**四是私自共享给第三方**。例如，用户反馈某电子商务店铺会员卡系统强制收集用户手机号，骚扰短信、骚扰电话屡禁不止。

4. 账号注销难

此类的主要问题有以下 3 个。**一是账号注销设置不合理障碍**。例如，用户反馈注销某电子商务账户，被要求拍一张手持身份证的照片提交；用户反馈某款 App 注销账号要求本人手持身份证的照片，且需要向官方客服申请注销，但官方客服一直无人回应；用户投诉某微博 App 注销账号时要求用户发送本人手持身份证信息的照片、登录名、昵称、当前密码前三位、曾用密码、注册时间、注册地点；用户投诉某视频网站注销账户要求用户填写注册地址（精确到省）、注册方式（手机或者电脑）和时间（精确到年月日）。**二是账号注销形同虚设**。例如，用户反馈某移动 App 有账号注销按钮，但实际注销时点击后无任何反应，点击取消按钮时可立即退出注销界面。**三是账号注销不彻底**。例如，用户投诉某社交 App 账号注销后仍可登录；用户反馈注销某打车软件 App 后仍保留用户行程信息。

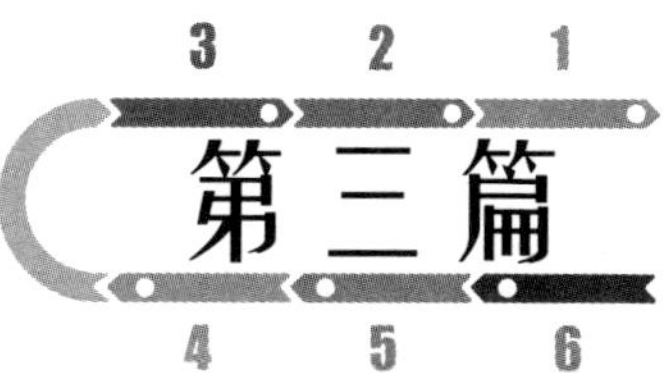

检测平台：利用技术治理手段

以技治技，技术平台支撑监管治理

为推动移动互联网产业健康有序发展，贯彻落实《中华人民共和国网络安全法》《中华人民共和国电信条例》《电信和互联网用户个人信息保护规定》等法律法规要求，提升全面监管能力，实现“以产业管产业、以技术管技术”“市场主导、政府引导”的移动互联网用户个人信息保护共管共治体系，引导行业自律，依法保障用户权益，进一步规范移动互联网应用及分发市场用户个人信息保护和管理，在工业和信息化部的指导下，中国信息通信研究院组织开展移动互联网应用用户个人信息保护自动化监测检测公共服务能力提升和全国 App 技术检测平台建设工作。

为深入贯彻落实党的十九届五中全会关于加强个人信息保护有关要求，推动 App 侵害用户权益整治规范化、标准化、统一化，全国 App 技术检测平台使用了丰富的 App 检测技术手段，提升了 App 自动化测评能力，在强化自动化检测等技术手段的同时，建立线上线下、联防联控管理体系。与此同时，大幅提高了 App 监管容量和处理能力，提升“以网治网、以技制技”的技术手段能力，加大对侵害用户权益行为的整治力度，大力清扫移动 App 用户个人信息保护监管盲区，持续完善移动互联网行业治理能力和治理体系。

按照相关工作部署，中国信息通信研究院积极开展全国 App 技术检测平台建设，支撑产业需求推动产融对接服务全局，建立“用数据说话、用数据决策、用数据管理、用数据创新”的管理机制，通过统一规则、统一标准、统一平台，对内实现信息共享、业务协同办理，推进 App 全局的监测检测、高效运行和精准管理。通过积累的多源数据以及任务检测数据，中国信息通信研究院完成深层次的数据挖掘，支撑日常监管决策。能力开放平台的构建，将前期积累的数据及能力对外开放，服务于其他行业，提升监管平台的社会价值。

全国 App 技术检测平台通过凝聚产业力量，不断提升自动化检测水平和能力。一方面，中国信息通信研究院用好相关技术手段，做到关口前移，及时发现并解决问题，不断提升行业治理能力和水平。另一方面，中国信息通信研究院摸清我国 App、分发平台等关联环节的底数，掌握 App 发展动态，持续丰富监管手段，有效支撑 App 的发现、检测和处置，形成 App 大数据监管能力，为静态监管转向动态监管、重点监管转向全面监管、分散监管转向协同监管提供有效支撑，形成有效的产业服务和产业调度能力。

（一）建立移动 App 监测能力体系

实现全国范围内，主流 App 分发平台和其他渠道上架、更新应用数据的获取，建成 App 资产的全国性数据库系统，并且建立对数据库系统的管理、维护、更新和使用的长效管理机制。全国性数据库系统可以及时、方便地相互获取与当前业务密切相关的业务信息资源，实现各级主管部门之间的数据互联互通、资源共享，有利于开展多个部门的联合监管。

（二）建立移动应用用户个人信息保护合规检测能力体系

集成技术检测引擎依据《工业和信息化部关于开展 App 侵害用户权益专项整治工作的通知》（工信部信管函〔2019〕337 号）及《工业和信息化部关于开展纵深推进 App 侵害用户权益专项整治行动的通知》（工信部信管函〔2020〕164 号）要求对移动互联网应用程序进行快速、自动化的用户个人信息保护合规性检测，提高自动化检测能力，发现可能存在的侵害用户权益的问题或者风险，为企业提供自律性指引。

（三）建立用户个人信息保护合规监测预警能力体系

通过收集全国范围的移动互联网应用数据，全国 App 技术检测平台可以对各类数据进行检测、聚合、分析，形成可视化的产业监管情报信息，对存在的合规风险实现监管预警，从事前监管、事中复核、事后处置等全流程、多环节开展快速联动监管，促进多部门信息交互、监管协作和快速沟通协调，实现更具可靠性和高效性的协同监管。

（四）建立大数据应用能力体系

基于移动互联网应用产业用户个人信息保护合规现状进行信息资源整合，全国 App 技术检测平台同时具备主动和被动获取数据的能力。主动获取数据能力包括主动进行各类 App 分发市场应用数据的下载、导入、分析研判和预警能力。被动获取数据能力包括针对某个或者多个应用进行人工下载、导入、分析研判以及接入其他应用市场或者有能力厂家提供的监测数据，进而执行数据的补全、融合。此平台还借助大数据技术手段，进行科学分析研判，提供科学、合理、有效的辅助决策方案，为监管机构提供切实可靠的决策辅助参考。

（五）建立数据开放共享及对外公共服务能力体系

通过对全国范围内 App 数据的收集与分析，可以实现对某一地区出现的具体问题，通过数据共享、资源共享的方式进行高效监管整合，共同分析评估利弊，促进相应机制及业务内容实现，有效提升全国 App 技术检测平台用户服务能力水平。同时，此平台面向市场还提供 App 用户个人信息保护在线检测等公共服务，推动企业自律性水平，保障移动互联网产业健康创新发展。

以点及面，推进平台建设全网覆盖

根据 164 号文要求，在工业和信息化部的统筹指导下，中国信息通信研究院聚集产业力量，组织搭建“全国 App 技术检测平台”。

全国 App 技术检测平台建设采取“三步走”策略。

第一步是平台建设期。平台建设期以搭建 App 技术检测平台主体框架、初步形成一定规模的自动化测评能力为主要目标。在工业和信息化部信息通信管理局的指导下，中国信息通信研究院联合多家企业加快推进平台建设工作。平台管理系统于 2020 年 7 月正式上线试运行，提前完成原定建设目标。目前，平台已为 1700 余家企业提供了公共服务，为专项整治行动提供了有效的技术支撑。

第二步是平台扩容期。平台扩容期以提升 App 自动获取和自动化检测批量处理能力为主要目标，不断完善基础数据、线索信息、投诉信息的报送和采集机制，扩展自动化检测引擎部署，加强应用分发市场对接，进一步提升平台自动化检测的广度和深度。这部分工作目前已实现 3 家检测引擎本地化部署工作，启动了与小米、vivo、OPPO、豌豆荚等应用分发平台对接工作。

第三步是平台全面升级期。平台全面升级期计划建立中心式数据处理和服务体系，实现数据清洗汇聚、关联标识与挖掘分析，通过对 App 相关数据的综合分析与研判，实现 App 态势感知和跟踪预警，有效支撑 App 的监督检查、溯源取证和违法处置等工作，为静态监管转向动态监管、重点监管转向全面监管、分散监管转向协同监管提供精准支撑，推动 App 产业全面提升个人信息保护水平。

引领汇聚，平台架构集成引擎集群

全国 App 技术检测平台由全网监测系统、自动化检测系统、App 大数据中心、任务管理系统、App 公共服务系统 5 个部分组成。全国 App 技术检测平台总体架构如图 3-1 所示。

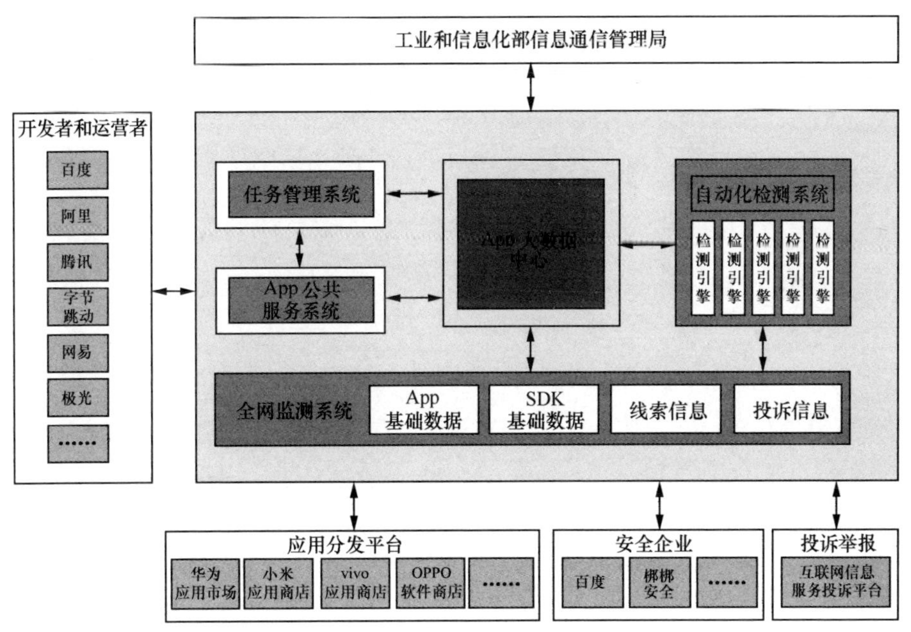

图 3-1　全国 App 技术检测平台总体架构

全网监测系统对主流应用分发平台上的每日新增和每日更新应用，以及用户关注度高、投诉多、问题严重的应用开展常规监测，通过主动监测、数据报送、线索报送等方式，形成主动发现获取 App 基础数据、违法违规线索、投诉举报信息的能力。

自动化检测系统集成按照 337 号 /164 号文配套标准规范开发的自动化检测引擎，形成交叉验证、大规模的 App 自动检测能力。

App 大数据中心建立中心式数据处理和数据服务体系，实现数据清洗汇聚、关联标识与挖掘分析，通过对 App 相关数据的综合分析与研判，实现 App 态势感知和跟踪预警。提升数据利用效益，形成对 App 全面监管的大数据支撑能力。

任务管理系统实现 App 监管任务的下达、检测、审核、通知、复测、通报等管理工作，支撑部省监管联动，为地方管局开展 App 工作提供检测支撑。

App 公共服务系统向 App 开发者、应用分发服务提供者、SDK 提供者等行业用户提供统一接入门户，实现行业信息共享共建，建立 App 治理联动机制。

技术融合，丰富手段强化功能流程

全国 App 技术检测平台的工作流程如下。

App 大数据中心汇聚历史检测结果数据、应用分发报送数据、投诉报送数据、外部线索数据以及其他来源数据，形成 App 基本信息、统计信息、态势信息库为监管决策提供数据支撑。

信息通信管理局和各地管局登录 App 大数据中心查询 App 基本信息和态势信息，划定检测需求。

检测需求信息推送至任务管理系统，任务管理系统形成下载任务和检测任务分别发送至全网监测系统和自动化检测系统。

全网监测系统自动化下载获取 App 安装包及相关信息，并将数据包推送至自动化检测系统。

自动化检测系统获取检测对象数据包后调度技术检测引擎依据 337 号 / 164 号文要求执行自动化检测，并将检测结果推送检测人员比对、审核，形成检测结论。

检测结论和结果数据反馈至任务管理系统，信息通信管理局和各地管局核验确认后，任务管理系统将整改要求发送至公共服务系统。

公共服务系统通知 App 开发者和运营者进行整改。整改完成后，App 开发者和运营者可通过公共服务系统提交复测版本，由公共服务系统向任务管理系统推送复检通知，后续 App 开发者和运营者在公共服务系统中查询复检结果。

全国 App 技术检测平台已完成对华为应用市场、小米应用商店、应用宝、百度手机助手、360 手机助手、搜狗手机助手 6 家主流应用商店的采集覆盖。此平台集成3家本地化检测引擎，全面提高App自动化检测能力和专项整治工作检测能力，极大提升检测容量，一期建设完成后，可支撑每日5000款App的自动化测评需求。

全国App技术检测平台统一检验标准，整合系统资源，数据共享，提高监管效能。此平台充分利用现有技术手段大力提升管理效能，整合完善现有管理手段和资源，实现与行业管理全流程的有效结合，加强通报、压实责任，协同联查联动，治理合力进一步加大。平台建立了统一规范的检测、监测评价体系，在平台内实现标准、方法、数据等互信互认。平台为移动互联网应用用户个人信息保护工作的检测监测、溯源追踪、通报处置、态势感知等提供监管支撑和权威第三方公共服务。

全线支撑，形成线上线下联防联控

全国 App 技术检测平台运用人工智能、大数据等新技术，致力于拓展检测深度和广度，大幅提升监管自动化、智能化、标准化水平，实现监测检测全覆盖。

全国 App 技术检测平台主体框架功能上线以来，监测采集范围和检测引擎数量不断扩展。截至目前，检测平台已完成华为应用市场、小米应用商店、应用宝、百度手机助手、360 手机助手、搜狗手机助手 6 家主流应用商店的自主采集覆盖，平台自 2020 年 12 月 10 日整体上线以来，已完成采集应用 404275 款，已检测应用 168100 款，检测违规应用 128658 款，平均日检测完成量 5000 款。

全国 App 技术检测平台将 App 监测能力与检测能力相融合，打造集数据报送、监督检查、监测预警、通报处置、协同共享、公共服务为一体的综合管理平台，利用 App 运营者、App 开发者、App 检测者和 App 监管者的数据分析碰撞，解决工作难题，形成从全国到地区、从全范围到具体领域分类的整体监管能力。全国 App 技术检测平台支持对检测任务的分析，实现任务状态、专项任务处置情况等实时监测。

全国 App 技术检测平台自动检测采集到的应用，支持检测结果的查询和信息查看，同时也支持单个应用检测任务的创建和检测。

全国 App 技术检测平台目前完成 3 家检测引擎接入。164 号文的检测项共 47 条。目前，平台检测引擎已实现 20 条自动化检测项，平均检测一款应用需要花费 35 分钟。

全国 App 技术检测平台建立了 App 基本信息库，实现全国范围内 App 资产的检索和检测，对 App 资产进行持续监测分析和展示，支撑监管机构及时获取业务信息资源。

App 基本信息库包含 App 的详细基础信息、检测情况及处置信息等，为摸清我国移动应用的底数，掌握 App 的动态提供支撑。

全国 App 技术检测平台通过统一规划、统一建设、统一应用和统一管理等机制，实现各 App 分发市场数据导入和各参建单位数据融合，对主流 App 分发市场情况进行整体监测，打造全国统一管理的 App 监测中心，实现全国范围内 App 监测能力、监测队伍素质和监管能力全面提高。平台支持分发平台信息检索，对分发平台的应用上架、更新情况进行持续监测和展示。

全国 App 技术检测平台汇总互联网信息服务投诉平台和 12321 网络不良与垃圾信息举报受理中心的用户投诉信息。平台支持投诉信息检索，有效掌控 App 监管舆论，为监管机构处理和导向提供依据和支撑。App 投诉信息的获取可以提高投诉解决效率，维护用户的切身利益，净化行业。平台通过大数据采集和分析在主流媒体进行舆论跟踪，获取用户心声，促进实时舆情监测及处理。

全国 App 技术检测平台还支持开发者检索，对多渠道开发者进行持续监测和展示。全国 App 技术检测平台汇总多方数据，实现从地域、违规情况、监管处置、舆论等多维度进行统计分析输出，实现对 App 监测对象及违规应用的综合分析能力，为监管决策提供支撑。

全国 App 技术检测平台构建了基于知识图谱的搜索引擎，实现 App 数据的可视化和可操作化，通过构建 App 信息领域知识图谱和自然语言搜索式分析，实现基于人机对话方式的智能 App 数据分析与可视化展现，提高 App 数据搜索效率，加强 App 的有效监管，快速挖掘 App 数据背后的巨大价值。

为了提高搜索引擎查询及检索的精确性和高效性，全国 App 技术检测平台将 App 信息转换为结构化的知识数据，通过建立关系网络图，对 App 数据进行查询和分析，实现秒级数据运算和数据可视化，并以图谱的形式进行查询、分析和探索。

全国App技术检测平台（任务管理系统）是全国App技术检测平台的重要组成部分，可实现App监管任务的下达、检测、审核、通知、复测、通报等，支撑了深度人工检测的进行。任务管理系统支撑了多个批次的专项整治工作，完成覆盖40万款主流App的检测工作。

目前，黑龙江、贵州、江西、陕西、浙江、内蒙古、四川、广西、安徽九地通信管理局已经实现了与任务管理系统的接入。平台通过大数据监控能力为地方通信管理局提供下辖的主要App名单，对地方通信管理局提交的检测任务进行检测并在公共服务平台上对开发者提交的更新版本进行复测，支撑了内蒙古、黑龙江通信管理局对于30余款App侵害用户权益整治行动。全国App技术检测平台（任务管理系统）有效支撑部省监管联动，为地方管局开展App工作提供检测支撑。

任务管理系统支撑工业和信息化部专项治理行动，违规App信息可上报工业和信息化部，由工业和信息化部统一对外发布。平台对各类数据进行检测、聚合、分析，借助大数据技术手段，提供科学、合理、有效的辅助决策方案，为监管机构提供切实可靠的决策辅助参考；形成全国和地方产业监管情报信息，对存在的合规风险实现监管预警，从事前监管、事中复核、事后处置等全流程、多环节开展快速联动监管，监管协作和快速沟通协调，实现更具可靠性和高效性的监管。

工业和信息化部通过综合施策，持续发力，深入推进技管结合，加强监督检查，督促相关企业强化App个人信息保护，及时整改违规收集、使用用户个人信息和骚扰用户、欺骗误导用户、应用分发平台管理责任落实不到位等突出问题，净化App应用空间。全国App技术检测平台（公共服务系统）向App开发者、应用分发服务提供者、SDK提供者等行业用户提供统一接入门户，对外提供公共服务，促进行业自律。

公共服务系统实现注册登录、提交资质、申请检测、查看检测结果等功能。公共服务系统支撑App专项整治工作开展，App开发者和运营者可以通过平台领取整改通知、上传整改版本，获取整改结果。App开发者可在公共服务系统提交检测和复测申请，也可以查询检测记录和检测状态。

对于已经检测完成的应用，App 开发者可通过公共服务系统获取检测报告，申领通知。公共服务系统实现行业信息共享共建，建立 App 治理联动机制，面向市场提供 App 用户个人信息保护在线检测等公共服务，推动企业自律水平，保障移动互联网产业健康创新发展。

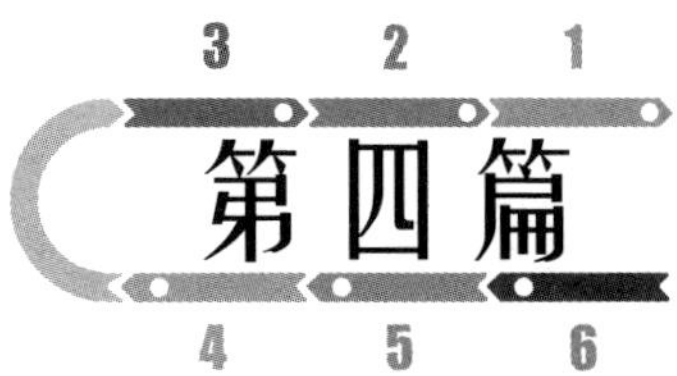

标准体系：发挥标准引领作用

App 个人信息保护标准总体情况

保护个人信息和公民隐私，不仅是社会和公民的自觉行动，还应在标准和制度上进行建设和保护。工业和信息化部组织中国信息通信研究院、电信终端产业协会制定发布了《App 用户权益保护测评规范》10 项团体标准；于 2020 年 11 月在全国 App 个人信息保护监管会上发布了《App 收集使用个人信息最小必要评估规范》8 项系列标准，于 2021 年 2 月发布了剩余 9 项个人信息的收集使用规范。同时，工业和信息化部组织中国信息通信研究院加大力度开展行业标准、国家标准的编制工作，先后完成了《电信和互联网服务 用户个人信息保护》5 项系列行业标准，并正在推进《电信和互联网服务　用户个人信息保护技术要求　第 1 部分：定义及分类分级》国家标准的制定工作。App 个人信息保护标准框架如图 4-1 所示。

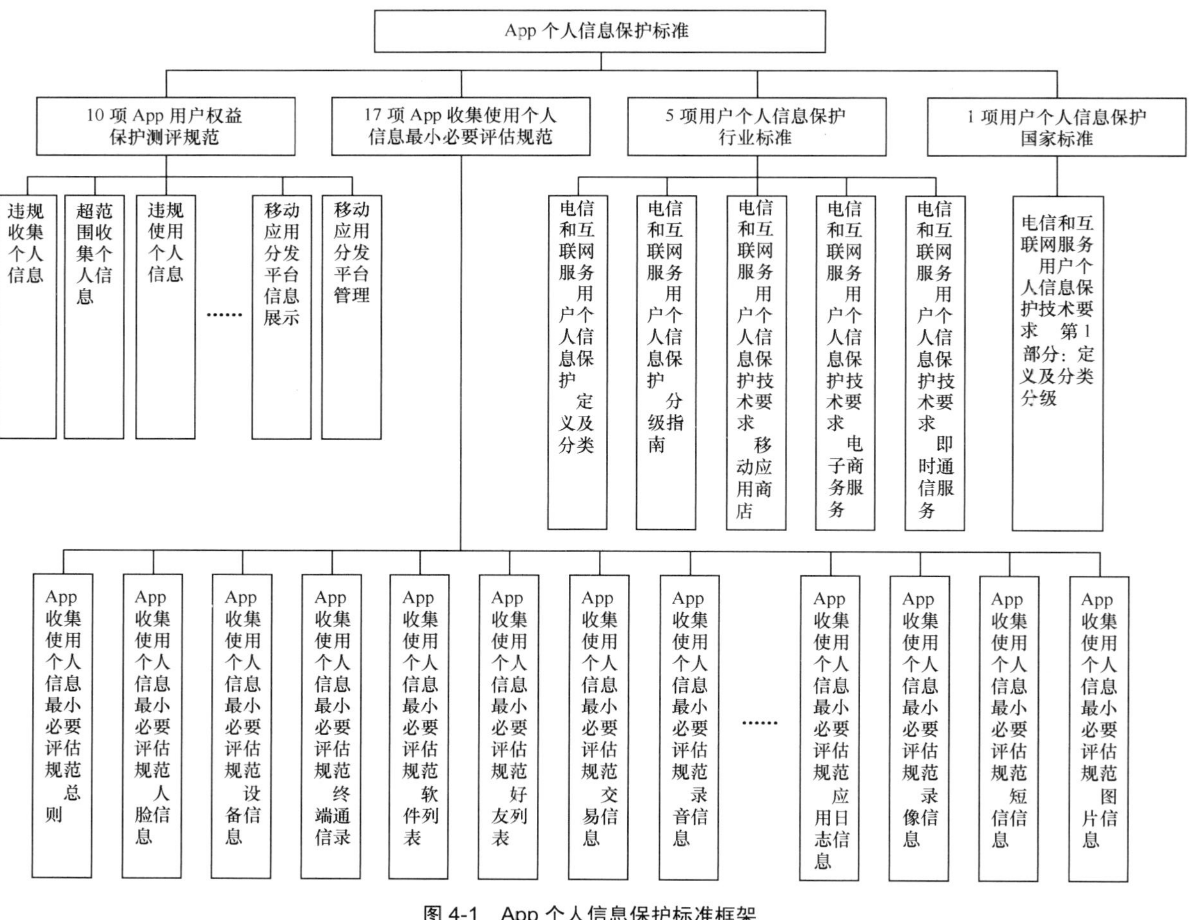

图 4-1 App 个人信息保护标准框架

10 项 App 用户权益保护测评规范

随着移动应用种类和数量呈爆发式增长，App 侵害用户权益事件层出不穷，个人信息保护态势愈加严峻，如何保护用户个人信息和权益受到国家和社会公众的高度关注。该标准体系根据《中华人民共和国网络安全法》等相关法律要求，依据《工业和信息化部关于开展纵深推进 App 侵害用户权益专项整治行动的通知》（工信部信管函〔2020〕164 号）提出检测细则。针对 164 号文要求整治的违规问题提出具体评估规范。

（一）T/TAF 078.6—2020《App 用户权益保护测评规范　违规收集个人信息》

该标准规定了移动应用软件及第三方软件开发工具包违规收集个人信息部分的检测细则以及典型检测场景，主要用于规范评估 App、SDK 等告知用户的内容完整性、合理性、真实性，以及获取同意手段和方法的合规性。该标准重点评估是否存在未告知用户收集个人信息的目的、方式、范围且未经用户同意，私自收集用户个人信息的行为。标准的主要内容摘编如下。

未见明示：App 未以个人信息处理规则弹窗等形式向用户明示个人信息处理的目的、方式和范围，不应收集 IMEI、IMSI、设备 MAC 地址、软件安装列表、位置、联系人、通话记录、日历、短信、本机电话号码、图片、音视频等个人信息。

有明示未同意：App 以个人信息处理规则弹窗等形式向用户明示个人信息处理的目的、方式和范围，未经用户同意，不应收集 IMEI、IMSI、设备 MAC 地址、软件安装列表、位置、联系人、通话记录、日历、短信、本机电话号码、图片、音视频等个人信息。

明示不清晰：App 以个人信息处理规则弹窗等形式向用户明示个人信息处理的目的、方式和范围，未清晰明示处理 IMEI、IMSI、设备 MAC 地址、软件安装列表、位置、联系人、通话记录、日历、短信、本机电话号码、图片、音视频等个人信息的目的、方式和范围，用户同意后，不应收集相应个人信息；未清晰明示在静默状态下或在后台运行时收集个人信息的目的、方式和范围，不应收集相应个人信息。

未见明示 SDK：App 未以个人信息处理规则弹窗等形式向用户明示第三方 SDK 处理个人信息的目的、方式和范围，第三方 SDK 不应收集 IMEI、IMSI、设备 MAC 地址、软件安装列表、位置、联系人、通话记录、日历、短信、本机电话号码、图片、音视频等个人信息。

明示 SDK 未同意：App 以个人信息处理规则弹窗等形式向用户明示第三方 SDK 处理个人信息的目的、方式和范围，未经用户同意，第三方 SDK 不应收集 IMEI、IMSI、设备 MAC 地址、软件安装列表、位置、联系人、通话记录、日历、短信、本机电话号码、图片、音视频等个人信息。

明示 SDK 不清晰：App 以个人信息处理规则弹窗等形式向用户明示第三方 SDK 处理个人信息的目的、方式和范围，未清晰明示第三方 SDK 处理 IMEI、IMSI、设备 MAC 地址、软件安装列表、位置、联系人、通话记录、日历、短信、本机电话号码、图片、音视频等个人信息的目的、方式和范围，用户同意后，第三方 SDK 不应收集相应个人信息；未清晰明示在静默状态下或在后台运行时第三方 SDK 收集个人信息的目的、方式和范围，第三方 SDK 不应收集相应个人信息。

同意不清晰：App 在征求用户同意环节，应提供明确的同意和拒绝选项，不应仅使用“好的”“我知道了”等无法清晰表达用户同意的词语。

默认同意：App 在征求用户同意环节，不应设置为默认同意。

（二）T/TAF 078.1—2020《App 用户权益保护测评规范　超范围收集个人信息》

该标准规定了移动应用软件及第三方软件开发工具包超范围收集个人信息部

分的检测细则以及典型检测场景，主要用于规范评估 App、SDK 等是否满足最小必要原则收集用户个人信息，重点评估是否存在非服务所必需或无合理应用场景，超范围收集用户个人信息的行为。标准的主要内容摘编如下。

超范围收集：App 在收集 IMEI、IMSI、设备 MAC 地址、软件安装列表、位置、联系人、通话记录、日历、短信、本机电话号码、图片、音视频等个人信息时，不应超出其所明示收集目的的合理关联范围。

超频次收集：

a）App 未向用户明示收集 IMEI、IMSI、设备 MAC 地址、软件安装列表、位置、联系人、通话记录、日历、短信、本机电话号码、图片、音视频等个人信息的频率，未经用户同意，不应以特定频率收集个人信息；

b）App 向用户明示收集 IMEI、IMSI、设备 MAC 地址、软件安装列表、位置、联系人、通话记录、日历、短信、本机电话号码、图片、音视频等个人信息的频率，收集个人信息的频率不应超出其实现产品或服务的业务功能所必需的最低频率。

SDK 超范围收集：App 向用户明示第三方 SDK 处理 IMEI、IMSI、设备 MAC 地址、软件安装列表、位置、联系人、通话记录、日历、短信、本机电话号码、图片、音视频等个人信息的目的、方式和范围，第三方 SDK 收集相应个人信息时不应超出其所明示收集目的的合理关联范围。

SDK 超频次收集：

a）App 未向用户明示第三方 SDK 收集 IMEI、IMSI、设备 MAC 地址、软件安装列表、位置、联系人、通话记录、日历、短信、本机电话号码、图片、音视频等个人信息的频率，未经用户同意，第三方 SDK 不应以特定频率收集个人信息；

b）App 向用户明示第三方 SDK 收集使用 IMEI、IMSI、设备 MAC 地址、软件安装列表、位置、联系人、通话记录、日历、短信、本机电话号码、图片、音视频等个人信息的频率，第三方 SDK 收集个人信息的频率不应超出其实现产品或服务的业务功能所必需的最低频率。

静默后台超范围收集：App 在静默状态下或在后台运行时，收集 IMEI、IMSI、设备 MAC 地址、软件安装列表、位置、联系人、通话记录、日历、短信、本机电话号码、图片、音视频等个人信息不应超出其所明示的收集目的的合理关联范围。

静默后台超频次收集：

a）App 未向用户明示在静默状态下或在后台运行时收集 IMEI、IMSI、设备 MAC 地址、软件安装列表、位置、联系人、通话记录、日历、短信、本机电话号码、图片、音视频等个人信息的频率，未经用户同意，不应以特定频次收集个人信息；

b）App 向用户明示在静默状态下或在后台运行时收集 IMEI、IMSI、设备 MAC 地址、软件安装列表、位置、联系人、通话记录、日历、短信、本机电话号码、图片、音视频等个人信息的频率，收集个人信息的频率不应超出其实现产品或服务的业务功能所必需的最低频率。

SDK 静默后台超范围收集：App 在静默状态下或在后台运行时，第三方 SDK 收集 IMEI、IMSI、设备 MAC 地址、软件安装列表、位置、联系人、通话记录、日历、短信、本机电话号码、图片、音视频等个人信息不应超出其所明示的收集目的的合理关联范围。

SDK 静默后台超频次收集：

a）App 未向用户明示在静默状态下或在后台运行时第三方 SDK 收集 IMEI、IMSI、设备 MAC 地址、软件安装列表、位置、联系人、通话记录、日历、短信、本机电话号码、图片、音视频等个人信息的频率，未经用户同意，在静默状态下或在后台运行时，第三方 SDK 不应以特定频次收集个人信息；

b）App 向用户明示在静默状态下或在后台运行时第三方 SDK 收集 IMEI、IMSI、设备 MAC 地址、软件安装列表、位置、联系人、通话记录、日历、短信、本机电话号码、图片、音视频等个人信息的频率，在静默状态或在后台运行时，第三方 SDK 收集个人信息的频率不应超出其实现产品或服务的业务功能所必需的最低频率。

（三）T/TAF 078.5—2020《App 用户权益保护测评规范　违规使用个人信息》

该标准规定了移动应用软件违规使用个人信息部分的检测细则以及典型检测

场景，主要用于规范评估 App、SDK 等是否满足最小必要原则收集用户个人信息，重点评估是否存在违规使用用户个人信息的行为。标准的主要内容摘编如下。

未明示共享：App 未向用户明示个人信息处理的目的、方式和范围，不应将 IMEI、IMSI、设备 MAC 地址、软件安装列表、位置、联系人、通话记录、日历、短信、本机电话号码、图片、音视频等个人信息发送给第三方 SDK 等产品或服务。

未同意共享：App 以个人信息处理规则弹窗等形式向用户明示共享给第三方的行为，未经用户同意，不应将 IMEI、IMSI、设备 MAC 地址、软件安装列表、位置、联系人、通话记录、日历、短信、本机电话号码、图片、音视频等个人信息发送给第三方 SDK 等产品或服务。

明示共享不清晰：App 以个人信息处理规则弹窗等形式向用户明示个人信息处理的目的、方式和范围，未清晰明示共享的第三方身份、目的及个人信息类型，用户同意后，不应将 IMEI、IMSI、设备 MAC 地址、软件安装列表、位置、联系人、通话记录、日历、短信、本机电话号码、图片、音视频等个人信息发送给第三方 SDK 等产品或服务。

服务器端共享：App 未向用户告知且未经用户同意，不应将设备识别信息、商品浏览记录、搜索使用习惯、软件安装列表等个人信息传输至 App 服务器后，向第三方产品或服务提供其收集的个人信息。

（四）T/TAF 078.2—2020《App 用户权益保护测评规范　定向推送》

该标准规定了移动应用软件定向推送的检测细则以及典型检测场景，主要用于规范评估 App、SDK 等定向推动功能是否满足用户可知可控原则，重点评估是否存在未以显著方式标示且未经用户同意，将收集到的用户搜索、浏览记录、使用习惯等个人信息，用于定向推送或广告精准营销，且未提供关闭该功能选项的行为。标准的主要内容摘编如下。

未明示定推：若 App 的业务功能存在定向推送功能，应以个人信息处理规则弹窗等形式向用户明示，将收集的用户个人信息用于定向推送、精准营销。

未明示第三方个人信息来源：若 App 定向推送功能使用了第三方的个人信息来源，应以个人信息处理规则弹窗等形式向用户明示业务功能使用第三方的个人信息进行定向推送，并向用户明示第三方的个人信息来源。

未标识定推：App 以个人信息处理规则弹窗等形式明示存在定向推送功能，页面中应显著区分定向推送服务，显著方式包括但不限于，标明“个性化推荐”“定推”“猜你喜欢”等其他能显著区分的字样，或通过不同的栏目、版块、页面分别展示等。

未提供关闭选项：App 以个人信息处理规则弹窗等形式明示存在定向推送功能，应提供退出或关闭个性化展示模式的选项，例如拒绝接受定向推送信息，或停止、退出、关闭相应功能的机制。

（五）T/TAF 078.4—2020《App 用户权益保护测评规范 权限索取行为》

该标准规定了移动应用软件权限索取行为的检测细则以及典型检测场景，主要用于规范评估 App、SDK 等权限索取行为的合规性，重点评估是否存在安装、运行和使用相关功能时，非服务所必需或无合理应用场景下，用户拒绝相关授权申请后，自动退出或关闭的行为；短时长、高频次，在用户明确拒绝权限申请后，频繁弹窗、反复申请与当前服务场景无关权限的行为，以及未及时明确告知用户索取权限的目的和用途，提前申请超出其业务功能等权限的行为等。标准的主要内容摘编如下。

不给权限 App 退出或关闭：App 运行时，向用户索取电话、通讯录、定位、短信、录音、相机、存储、日历等权限，用户拒绝授权后，App 不应退出或关闭。

不给权限 App 弹窗循环：App 运行时，向用户索取电话、通讯录、定位、短信、录音、相机、存储、日历等权限，用户拒绝授权后，App 不应循环弹窗申请权限，使用户无法继续使用。

不给权限无法注册登录：用户注册登录时，App 向用户索取电话、通讯录、定位、短信、录音、相机、存储、日历等权限，用户拒绝授权后，App 不应无法正常注册或登录。

频繁申请权限：

a）App 运行时，在用户明确拒绝通讯录、定位、短信、录音、相机、日历等权限申请后，不应向用户频繁弹窗申请与当前服务场景无关的权限，影响用户正常使用；

b）App 在用户明确拒绝通讯录、定位、短信、录音、相机、日历等权限申请后，重新运行时，App 不应向用户频繁弹窗申请开启与当前服务场景无关的权限，影响用户正常使用。

过度申请权限：App 首次打开或运行中，未见使用权限对应的相关功能或服务时，不应提前向用户弹窗申请开启通讯录、定位、短信、录音、相机、日历等权限。

申请无关权限：App 未见提供相关业务功能或服务，不应申请通讯录、定位、短信、录音、相机、日历等权限。

（六）T/TAF 078.10—2020《App 用户权益保护测评规范　自启动和关联启动行为》

该标准规定了移动应用软件自启动和关联启动行为的检测细则以及典型检测场景，主要用于规范评估 App、SDK 等自启动和关联启动行为的合规性，重点评估是否存在未向用户告知且未经用户同意，或无合理的使用场景，频繁自启动或关联启动第三方 App 的行为。标准的主要内容摘编如下。

App 自启动和关联启动：

a）App 未向用户明示未经用户同意，且无合理的使用场景，不应自启动或关联启动其他 App；

b）App 向用户明示但未经用户同意，不应自启动或关联启动其他 App；

c）App 非服务所必需或无合理应用场景，不应自启动或关联启动第三方 App；

d）SDK 非服务所必需或无合理应用场景，不应启动或关联启动 App。

（七）T/TAF 078.7—2021《App 用户权益保护测评规范　第 7 部分：欺骗误导强迫行为》

该标准规定了移动应用软件欺骗误导强迫行为的检测细则以及典型检测场景，主要用于规范评估 App、SDK 所提供 App 下载功能的合规性，重点评估是否存在通过“偷梁换柱”“移花接木”等方式欺骗误导用户下载 App，特别是具有分发功能的移动应用程序欺骗误导用户下载非用户所自愿下载 App 的行为。标准的主要内容摘编如下。

信息窗口关不掉：

App 在用户终端弹出广告或者其他与终端软件功能无关的信息窗口的，应当以显著的方式向用户提供关闭或者退出窗口的功能标识。不应提供虚假、无效、标识不明显的关闭选项。

欺骗误导强迫下载、安装、使用 App：

a）App 信息窗口页面，下载、安装、使用第三方 App 时，应以显著方式明示，并经用户主动选择同意。不应存在未见显著明示且未经用户同意，点击任意位置即自动下载、安装、使用第三方 App 的行为；

b）App 信息窗口页面，不应存在通过“偷梁换柱”“移花接木”等方式欺骗误导强迫用户下载、安装、使用第三方 App 的行为，包括但不限于在未明示下载 App 的情况下，通过“是否立即开始游戏”“领取红包”“手机卡顿”“耗电太快”“内存已满”等诱导方式；

c）用户暂停或取消非主动点击触发下载、安装 App，关闭并重新运行本 App 后，被用户暂停或取消下载、安装的 App 不应自动恢复下载安装；

d）App 信息窗口页面，下载、安装、使用的 App 不应与向用户所作的宣传或者承诺不符。

欺骗误导强迫点击跳转：

a）App 不应以欺骗、误导或者强迫等方式向用户提供互联网信息服务或者产品；

b）App 信息窗口页面，存在跳转、使用第三方的行为时，应以显著方式明示并经用户主动选择同意。不应存在欺骗误导强迫用户跳转的文字、图片或视频链接。

（八）T/TAF 078.3—2020《App 用户权益保护测评规范　个人信息获取行为》

该标准规定了移动应用软件个人信息获取行为的检测细则以及典型检测场

景，主要用于规范评估 App、SDK 获取用户个人信息方式的正当性，重点评估是否存在非服务所必需或无合理场景，通过积分、奖励、优惠等方式欺骗误导用户提供身份证号码以及个人生物特征信息的行为。标准的主要内容摘编如下。

欺骗误导用户提供个人信息：App 欺骗误导用户提供个人信息的场景包括但不限于以下方式。

a）App 广告页面、开屏广告、主屏等功能页面，不应存在以积分等方式欺骗误导用户提供身份证号、人脸、指纹等个人信息的行为。

b）App 广告页面、开屏广告、主屏等功能页面，不应存在以奖励等方式欺骗误导用户提供身份证号、人脸、指纹等个人信息的行为。

c）App 广告页面、开屏广告、主屏等功能页面，不应存在以优惠等方式欺骗误导用户提供身份证号、人脸、指纹等个人信息的行为。

（九）T/TAF 078.9—2021《App 用户权益保护测评规范　第 9 部分：移动应用分发平台信息展示》

该标准规定了移动应用分发平台信息展示的检测细则以及典型检测场景，主要用于规范评估应用分发平台上 App 信息明示的完备性、准确性，重点评估应用分发平台是否存在未明示 App 运行所需权限列表及用途，未明示 App 收集、使用用户个人信息的内容、目的、方式和范围等行为。标准的主要内容摘编如下。

应用分发平台上的 App 信息明示不到位：

a）应用分发平台下载页面所明示 App 的名称应与下载安装后的 App 名称一致；

b）应用分发平台应明示所分发 App 的真实完整有效的开发者或运营者信息；

c）应用分发平台明示的 App 开发者或运营者信息应与 App 的隐私政策或用户协议等自声明中的开发者或运营者信息一致；

d）应用分发平台下载页面应显著明示所分发 App 的开发者或运营者信息，不应隐藏在二级链接；

e）应用分发平台应明示所分发 App 的版本信息；

f）应用分发平台下载页面应显著明示所分发 App 的版本信息，不应隐藏在二级链接；

g）应用分发平台下载页面应明示所分发 App 的安装及运行所需权限列表及用途；

h）应用分发平台下载页面应明示所分发 App 的收集使用个人信息的内容、目的、方式和范围。

（十）T/TAF 078.8—2020《App 用户权益保护测评规范 移动应用分发平台管理》

该标准规定了移动应用分发平台管理的检测细则以及典型检测场景，主要用于规范评估应用分发平台责任落实是否到位，重点评估应用分发平台是否存在上架审核不严格、违法违规软件处理不及时和 App 提供者、运营者、开发者身份信息不真实、联系方式虚假失效等问题。标准的主要内容摘编如下。

应用分发平台上的 App 管理：应用分发平台管理责任应落实到位。

a）应用分发平台所分发的 App 在上架前应严格审核。

b）所分发 App 的软件提供者、运营者、开发者为非个人开发者时，应确保身份真实有效，例如通过营业执照、银行账户等方式验证，并保留其组织机构代码、营业执照等信息。

c）所分发 App 的软件提供者、运营者、开发者为个人开发者时，身份信息应真实准确。

d）所分发 App 的软件提供者、运营者、开发者联系方式应真实有效。

e）应用分发平台应及时处理违法违规软件。

App收集使用个人信息最小必要评估规范

针对App侵权中的典型问题，工业和信息化部组织相关机构按照收集用户个人信息“最小必要化”等原则有针对性地制定了最小必要评估规范系列标准，涉及图片、通讯录、设备信息、人脸、位置、录像、软件列表等信息收集使用规范。该系列标准按照信息分类明确不同场景下个人信息收集使用的最小必要原则。App开发运营者可以对照最小必要评估规范系列标准设计开发符合最小必要原则的App产品，相关测评机构也可以依据这份标准开展最小必要符合性评估。以下为部分信息收集使用的最小必要评估规范内容。

（一）T/TAF 077.1—2020《App收集使用个人信息最小必要评估规范　总则》

该标准明确App收集使用个人信息最小必要评估规范系列标准中术语定义，规定了收集使用个人信息最小必要原则及要求，是App收集使用个人信息最小必要评估规范系列标准的引领部分，或为其他移动终端数据相关标准提供参考。标准的主要内容摘编如下。

5　个人信息处理最小必要评估要求

5.1　告知同意要求

a）告知同意应遵循最小必要原则，即App所提供服务涵盖多项业务功能的，收集使用个人敏感信息时，宜按业务功能进行单项或分项征得用户同意，不宜要求用户一次性接受并授权同意其未申请或使用的业务功能收集个人信息的请求。

b）告知同意的时机及频率应遵循最小必要原则，宜在收集使用之前或收集使用之际的适当时机告知，增进用户对告知与所收集的个人信息之间关联性的理解；并以必要最小限度的频率告知，确保用户的服务体验质量。

5.2　权限要求

a）权限的申请应遵循最小必要原则，即只申请与业务功能相关的权限，不应过度申请权限。对于第三方 SDK 等外部代码的引用，App 应确认其相关权限的申请同样满足最小化原则，限制 SDK 过度申请权限。例如 App 的业务场景中，若不包含位置相关场景，则不应申请位置权限。

b）App 宜优先采用系统自身功能，代替调用相关敏感权限。在存在替代功能实现方式的情况下，不应以提升用户体验为由，强迫用户授予权限。

c）权限的使用应遵循最小必要原则，即应合理使用申请的权限，不应滥用权限，且实际使用的权限不应超出告知同意的范围。

5.3　收集要求

a）收集个人信息的类型应遵循最小必要原则，即收集个人信息的类型，不应超出业务场景的实际需要，法律法规要求的除外。

b）收集个人信息的数量应遵循最小必要原则，即收集个人信息的数量，不应超出业务场景的实际需要。

c）收集个人信息的频率应遵循最小必要原则，即收集个人信息的频率，不应超出业务场景的实际需要。

5.4　使用要求

a）使用个人信息的类型、数量及频率应遵循最小必要原则，不应超出业务场景的实际需要，法律法规要求的除外。

b）使用个人信息时，除目的所必需外，应消除明确身份指向性，避免精确定位到特定个人。

c）使用个人信息进行定向推送应遵循最小必要原则，即对用户进行用户画像的个人信息不应超出业务场景的实际需要。

d）使用个人信息进行定向推送应告知用户使用的个人信息来源，是 App 收集还是来源于其他第三方。

e）使用个人信息进行定向推送应显著区分个性化展示和非个性化展示，显著区分的方式包括但不限于：标明“推荐”“猜你喜欢”等字样，或通过不同的栏目、版块、页面分别展示等。

f）使用个人信息进行定向推送应当同时向该用户提供关闭个性化展示的选项。此外，App 宜建立用户对个性化展示所依赖的个人信息（例如标签、画像维度等）的自主控制机制，保障用户调控定向推送展示相关性程度的能力。

5.5 传输要求

a）传输个人信息的类型及数量应遵循最小必要原则，不应超出业务场景的实际需要，法律法规要求的除外。

b）传输个人信息的频率应遵循最小必要原则，不应超出业务场景的实际需要。

5.6 存储要求

a）App 个人信息的存储包含本地存储和服务器远端存储，均应遵循最小必要原则。

b）存储个人信息的类型及数量应遵循最小必要原则，不应超出业务场景的实际需要。

c）存储个人信息的时间应遵循最小必要原则，即存储个人信息的时间，应当为实现处理目的所必要的最短时间，法律法规要求的除外。

5.7 第三方共享要求

个人信息的第三方共享均应遵循最小必要原则，即委托处理、共享、转让、公开披露的个人信息类型、数量及频率，不应超出业务场景的实际需要，法律法规要求的除外。其中，共享个人身份信息、网络身份标识等个人信息前，应征得用户的授权同意。

5.8 删除要求

超出存储期限后，应对个人信息进行删除或匿名化处理。

（二）T/TAF 077.12—2021《App 收集使用个人信息最小必要评估规范 好友列表》

好友列表是 App 在实现业务时被广泛应用的个人信息，然而一些场景存在着对好友列表过度收集使用的情况，侵害了用户权益。该标准规定了移动互联网应用程序（App）对好友列表在收集、使用、存储、共享、转让、删除等处理活动中应遵循和参考的最小必要性评估要求，并结合典型的处理场景来说明如何落实最小必要原则。标准的主要内容摘编如下。

8　好友列表个人信息处理活动中的最小必要性评估要求

8.1　授权同意

App 在进行好友列表信息的处理活动前，应当向个人信息主体告知收集、使用、分享、存储个人信息的目的、方式、范围，以及更正、删除个人信息，撤回授权的流程等规则，并获得个人信息主体的明示同意。企业即时通信 App 除外。

8.2　收集阶段

a）第三方 App 获取好友列表信息时，需要经用户明示同意。

b）经过用户事先同意，并在业务功能合理必要的情况下，第三方 App 可周期性获取其他 App 的好友列表，第三方 App 收集好友列表频率不得超过满足业务功能所需的合理频率。

c）应允许用户在 App 中手动添加好友，而不应强制读取用户在其他 App 的好友列表，用户同意读取好友列表的，应当仅读取用于匹配、推荐好友的必要信息。

8.3　存储阶段

存储好友列表的范围，不应超过为实现对应的业务功能合理必要的范围。

8.4　使用阶段

a）仅按照收集的目的使用好友列表，不应超出与收集时所声称的目的具有直接或合理关联的范围。因业务需要，确需超出上述范围的，应当再次征得用户的明示同意。

b）未经用户同意，App 不得主动增删好友。

c）无明确合理理由，App 不得禁止用户添加、删除好友。

8.5　共享、转让阶段

a）未经个人信息主体同意，不得向任何第三方 App 共享好友列表信息，因业务功能确需向第三方共享好友列表信息的，应事先告知个人信息主体共享、转让的目的、方式、范围，同时披露好友列表接收方主体信息及联系方式，并取得个人信息主体的明示同意。

b）婚恋交友类 App 不得与第三方 App 共享好友列表信息，法律法规规定的场景除外。

c）因企业合并导致用户好友列表信息转让的，应当在合并前明确告知用户合并的事实，用户可以在企业合并前删除好友。

（三）T/TAF 077.10—2021《App 收集使用个人信息最小必要评估规范　录音信息》

随着移动通信技术的快速发展，移动互联网应用正逐渐渗透到人们生活、工作的各个领域，个人信息安全问题成为各方关注的重点。越来越多移动应用软件使用录音识别实现场景体验、账户登录、移动支付等功能，录音信息是个人信息主体的重要部分。标准的主要内容摘编如下。

5　录音信息最小必要规范

5.1　授权同意

对录音信息的授权同意要求如下。

a）App 收集录音信息前，应向使用 App 的个人信息主体告知收集、使用录音信息的目的、方式、范围等，并获个人信息主体的授权同意。

b）收集录音需要调用设备权限的，宜在录音功能启动时动态申请权限。

c）个人信息主体拒绝录音相关权限申请后，App 不应拒绝为个人信息主体提供服务，录音信息作为服务的最小必要信息的除外。

d）个人信息主体拒绝录音相关权限申请后，App 宜间隔 48 小时以上再进行重新申请，不应频繁请求权限干扰个人信息主体正常使用 App 其他功能，个人信息主体主动开启相关功能的除外。

e）App 不应擅自更改个人信息主体原有的录音权限设置。如需更改，则应重新获得个人信息主体授权。

f）不得欺骗误导个人信息主体同意收集录音信息，不得隐蔽收集录音信息。

g）征得授权同意的例外参照 GB/T 35273—2020 第 5.6 条“征得授权同意的

例外”条款执行。

5.2 收集

对录音信息的收集要求如下。

a）主动上传类场景、通讯录音类场景、录音加工类场景，应仅在使用 App 的个人信息主体主动提供时才能收集录音信息。

b）对于服务所需类场景，个人信息主体拒绝提供录音信息的，App 不得拒绝向个人信息主体提供服务。录音为服务的最小必要信息的除外。

c）判断录音信息是否为某种服务类型的最小必要信息时，应充分考虑录音收集目的。例如，以维护公共安全或者保护个人信息主体重要人身财产权利为目的的，可以将录音信息作为该服务类型的最小必要信息。

5.3 使用

对录音信息的使用要求如下。

a）使用录音信息时，不应超出与收集时所声称的目的具有直接或合理关联的范围。因业务需要，确需超出上述范围使用录音信息的，应再次征得个人信息主体明示同意。

b）App 运营者应对内部人员访问录音信息建立严格的管理机制，合理分配录音信息访问权限，严格控制访问人员和可访问内容。宜在对角色权限控制的基础上，按照业务流程的需求触发操作授权。

c）App 工作人员访问录音信息，宜采取技术措施使文件可识别录音内容但无法识别用户身份，例如对音频信息的基频进行改变等。拟采取的技术措施导致无法实现使用目的的除外。

d）对于录音信息中出现的提供录音的个人信息主体之外的其他个人信息主体的信息，不宜进行针对个人的分析。法律法规另有规定或另行获得个人信息主体本人同意的除外。

5.4 共享、转让、公开披露

对录音信息共享、转让、公开披露的要求如下。

a）除依据法律法规规定、征得个人信息主体同意，或者为了维护相关方重大合法权利且对录音信息进行去标识化处理外，App 不应向第三方共享、转让或者公开披露录音信息。

b）向第三方共享、转让、公开披露录音信息前，应告知个人信息主体共享、转让个人信息的目的、数据接收方的类型，并事先征得个人信息主体的授权同意。

c）征得授权同意的例外参照 GB/T 35273—2020 第 9.5 条“共享、转让、公开披露个人信息时事先征得授权同意的例外”条款执行。

5.5 委托处理

对录音信息委托处理的要求如下。

a）委托行为不应超出已征得用户授权同意的使用范围。

b）对委托行为进行个人信息安全影响评估，经评估风险可控后进行委托行为。

c）将录音提供给受委托方前，宜采取以下保护措施，保护措施会导致委托处理的目的难以实现的除外：

1）向受委托方提供录音信息时，不提供录音所属个人信息主体的个人身份信息；

2）在满足处理需求的前提下，筛选并删除录音信息中描述个人身份信息的内容。

d）应对受委托方进行监督，方式包括但不限于：

1）通过合同等方式规定受委托方的责任和义务；

2）发现受委托方未充分履行安全责任和义务时，及时停止委托行为，并要求受委托方删除数据。

5.6 存储、删除

对录音信息的存储、删除要求如下。

a）应在实现收集目的或超过约定存储时限后及时删除录音信息，法律法规另有规定的除外。

b）如个人信息主体在使用服务过程中产生的纠纷尚未解决完毕，App 可以适当延长录音信息的保存期限，在纠纷处理完毕且满足约定存储期限后删除录音信息。

（四）T/TAF 077.16—2021《App 收集使用个人信息最小必要评估规范　交易记录》

该标准旨在贯彻个人信息收集使用的最小必要原则，针对移动 App 访问、收集、存储、处理、销毁用户个人信息等各环节提出相应的最小必要性符合度评估项，并结合典型场景，对 App 最小必要处理交易记录的情况进行规定。该标准适用于指导移动互联网应用软件开发者规范对用户交易记录的处理，也适用于主管监管部门、第三方评估机构等组织对移动互联网应用程序收集个人信息行为进行监督、管理和评估。该标准仅适用于电商场景的交易记录（订单）中包含的个人信息，不包含现金流交易记录中包含的个人信息。标准的主要内容摘编如下。

6　交易记录涉及的个人信息类型

交易记录涉及的个人信息包括但不仅限于以下类型。

a）真实身份类：可识别自然人真实身份的信息，例如姓名、住址、工作单位、职位、身份证号码、签证授权编号等可标识自然人真实身份的数据及相关的证照扫描件、图片、影印件等。

b）网络身份类：用户在网络空间的身份标识信息，虽不可直接识别用户自然人身份，但结合其他手段或数据可与用户真实身份相关的信息，例如个人的手机号 / 微信号 /QQ 号 / 支付宝账号 / 微博账号 / 邮箱地址等。

c）个人基本资料类：用户的一般信息，例如年龄、性别、职业、国籍等。

d）生物特征数据：与用户身体的生物学特征有关、能够唯一识别个体的数据，例如指纹、声纹等特征数据。

7　交易记录涉及的个人信息常见收集使用场景

App 不同场景下最小必要收集交易记录涉及的个人信息见表 4-1。

表4-1　App不同场景下最小必要收集交易记录涉及的个人信息

场景	真实身份类	网络身份类	个人基本资料类
消费账户注册	非必要	用于用户注册，满足注册账户和账户安全性的要求即可	非必要

续表

场景	真实身份类	网络身份类	个人基本资料类
消费账户登录	非必要	用于标识网上购物用户和保障账号信息安全	非必要
消费购物	a）用于购物时识别收货人和联系收货人 b）用于对用户真实身份进行验证，以确保用户账户安全	a）用于购物时识别收货人和联系收货人 b）用于对用户真实身份进行验证，以确保用户账户安全	用于对用户真实身份进行验证，以确保用户账户安全

8　个人信息处理活动中交易记录的最小必要规范

8.1　收集

a）收集的个人信息需与消费业务有直接关联。

b）收集个人信息之前，需要用户同意相关的权限授权。

8.2　存储

存储交易记录中个人信息的存储期限应保证最小化。

8.3　使用

a）使用交易记录中的个人信息时，不应超出与收集个人信息时所声称的目的具有直接或合理关联的范围，因业务需要，确需超出上述范围使用个人信息的，应再次征得个人信息主体授权同意。

b）若将交易记录中非个人信息（例如商品名称、商品类别、商品价格等）和个人信息进行关联或加工处理而产生的信息，能够单独或与其他信息结合识别特定自然人身份或者反映特定自然人活动情况的，应将其认定为个人信息。对其处理应遵循收集个人信息时获得的授权同意范围。

8.4　共享给第三方

a）接收共享的第三方需要与消费业务有直接关联。

b）共享给第三方的个人信息时，不应超出与收集个人信息时所声称的目的具有直接或合理关联的范围。

8.5　删除

需在承诺的期限内完成删除行为。

（五）T/TAF 077.4—2020《App 收集使用个人信息最小必要评估规范 终端通讯录》

通讯录信息是App在实现业务时被广泛应用的个人信息，在我国国家标准GB/T 35273中，将通讯录信息列为敏感个人信息，代表了用户的通讯录信息具有较高的敏感程度，然而在一些场景中，存在着对通讯录信息过度收集使用的情况，侵害了用户权益。该标准旨在规范通讯录信息的收集和使用要求，为App收集使用通信信息时提出相应要求和指导。标准的主要内容摘编如下。

5 通讯录信息收集和使用最小必要要求

5.1 收集阶段

1. 收集频率和时机

（1）当个人信息主体主动触发一次性收集通讯录动作时，App应仅在用户触发时收集通讯录联系人信息，例如分享类、添加好友类功能、设置联系人、紧急联系人类、应用类、风控、运营管理类、通讯录名片分享类等。

（2）当业务功能需要，App可周期性收集通讯录信息，收集通讯录信息的频率不得显著超过满足业务或功能所需的合理频率。

2. 通讯录权限

（1）通过权限获取通讯录信息的读取、编辑授权时，应动态申请权限。

（2）通过权限获取通讯录信息的读取、编辑授权时，例如用户明确拒绝权限申请，App 48小时内再次申请授权不应超过一次。若用户再次使用涉及通讯录的功能，且通讯录权限是实现该功能所必需的情况除外。

注：安卓系统中申请通讯录权限组还包含获取设备上的账号信息子权限，App按权限组申请权限时，可通过通讯录权限组获得设备上的账号信息。

3. 告知同意要求

（1）收集通讯录信息时，应获得用户明示同意，不应在用户不知情的情况下收集用户通讯录信息。

（2）收集通讯录信息时，应告知用户收集通讯录的实际目的，不应扩大通讯录信息使用目的。

（3）收集通讯录信息时，应告知用户收集通讯录的方式、范围。

4. 收集范围

通讯录信息的收集范围以及通讯录中联系人信息的收集范围应视场景的不同而不同，在不需要通讯录信息全集的场景下，例如分享、设置联系人、紧急联系人、通话、邮件发送、短信收发、应用类、风控、运营管理类、通讯录名片分享等场景下，只收集个人信息主体选择的联系人信息，而不应收集通讯录全集。

5.2　使用阶段

1. 通讯录处理

（1）仅按照收集的目的使用通讯录信息，不应超出通讯录收集目的具有直接或合理关联的范围。

（2）不应在用户未明示同意的情况下，在通讯录信息中增加、删除、修改联系人信息。

2. 通讯录共享

不应在未获得用户明示同意的情况下，将获得的通讯录信息共享给第三方，包括终端侧共享或服务器端共享的方式。

3. 通讯录存储

（1）通讯录信息存储时间应满足业务需要的最少时间。

（2）存储的数据量应满足后续业务需要的最小数据量。

5.3　删除阶段

当业务完成后、不再使用通讯录信息时，应删除收集到的通讯录信息，例如，分享类、添加好友类、设置紧急联系人类、应用类等。

（六）T/TAF 077.5—2020《App 收集使用个人信息最小必要评估规范　设备信息》

随着移动互联网的迅速发展和日益成熟，以及移动智能终端功能的成熟与便利，设备信息已成为移动应用软件开展业务功能的重要组成部分。按照最小必要原则收集使用个人信息成为移动应用软件在个人信息处理活动中的主要目标。该标准规定了移动应用软件在处理涉及用户个人信息（设备信息）的收集、存储、使用、删除等活动中的最小必要评估规范，并通过设备信息在处理活动中的典型应用场景来说明如何落实最小必要原则。标准的主要内容摘编如下。

7 个人信息处理活动各环节最小必要评估要求

7.1 收集阶段

a）个人信息控制者在收集设备信息前应向用户告知并获得授权同意，告知同意的时机及频率应遵循最小必要原则。

b）个人信息控制者在申请设备信息相关系统权限时，申请时机应为在用户使用相关功能或服务时，用户拒绝后宜间隔 48 小时及以上再进行重新申请，用户主动申请相应功能或服务的情况除外。

c）个人信息控制者应在保证实现相关功能或服务的前提下，按照最少必要的种类和最低频率收集设备信息。若本地处理设备信息能完成相关功能，则宜优先选择本地处理。

7.2 存储阶段

a）设备信息的存储时间应在个人信息主体授权的存储时间或提供相关功能或服务所需的必要期限内，超出存储期限后，应及时对设备信息进行删除或匿名化处理，法律法规另有规定的除外。

b）若法律法规或行业监管对信息保存期限另有要求，要遵守该保存期限的要求（例如物流行业）。

7.3 使用阶段

a）设备信息的使用过程及场景应符合移动应用软件的功能或服务要求。

b）个人信息控制者在使用相关设备信息时，应考虑到对用户的潜在影响，并尽量避免高风险的数据使用场景。

c）对被授权访问用户设备信息的人员，应建立最小授权的访问控制策略，使其只能访问职责所需的最小必要的设备信息，且仅具备完成职责所需的最少的数据操作权限。

d）若存在设备信息的第三方共享情况，第三方共享的设备信息类型、数量及频次不应超出业务服务的场景范围，法律法规要求的除外。

7.4 删除阶段

a）个人信息控制者应对超出存储期限的设备信息进行删除或匿名化处理。

b）个人信息控制者应提供途径并保证响应并实现用户删除个人信息的要求。

c）个人信息控制者应在满足在法律规定的时限或双方约定的时间内及时响应用户删除相关个人信息的请求；如需延长答复用户的时间，则应提供合理正当理由。

7.5 例外情况

a）在某些情况下，个人信息控制者如需收集比原先预期的应用必要功能更多的个人信息，以使个人信息控制者有足够的信息来解决潜在的必要活动；

b）在保障网络安全或运营安全的前提下，可收集不可变更的设备标识。

（七）T/TAF 077.6—2020《App 收集使用个人信息最小必要评估规范 软件列表》

该标准旨在贯彻个人信息收集使用的最小必要原则，针对移动 App 收集、存储、使用、共享、删除用户软件列表各环节提出相应的最小必要性符合度评估项，并结合典型场景对 App 最小必要处理软件列表进行规定。该标准适用于指导移动互联网应用软件开发者规范对软件列表的处理，也适用于主管监管部门、第三方评估机构等组织对移动互联网应用程序收集软件列表行为进行监督、管理和评估。标准的主要内容摘编如下。

7 个人信息处理活动中软件列表的最小必要性评估要求

7.1 收集阶段

a）在隐私政策中向个人信息主体告知收集、使用个人信息的目的、方式和范围等规则，并获得个人信息主体的授权同意。

b）收集软件列表的类型及数量应遵循最小必要原则，不应超出业务场景的实际需要。

c）收集软件列表的频次应遵循最小必要原则，不应超出业务场景的实际需要。

d）收集软件列表信息宜在移动智能终端本地进行，除用户确认允许的情况外，不应向远端服务器进行传输。

7.2 存储阶段

a）存储软件列表信息的类型及数量应遵循最小必要原则，即存储信息的类型及数量不应超出业务场景的实际需要。

b）存储软件列表信息的时间应遵循最小必要原则，即存储信息的时间，应当为实现处理目的所必要的最短时间，法律、行政法规对个人信息的保存期限另有规定的，从其规定。

7.3 使用阶段

a）设备信息的使用过程及场景应符合移动应用软件的功能或服务要求。

b）个人信息控制者在使用相关设备信息时，应考虑到对用户的潜在影响，并尽量避免高风险的数据使用场景。

c）对被授权访问用户设备信息的人员，应建立最小授权的访问控制策略，使其只能访问职责所需的最小必要的设备信息，且仅具备完成职责所需的最少的数据操作权限。

d）若存在设备信息的第三方共享情况，则第三方共享的设备信息类型、数量及频次不应超出业务服务的场景范围，法律法规要求的除外。

7.4 删除阶段

a）App 应定期检查其所存储的软件列表信息，并删除不必要的相关数据。超出软件列表信息的存储期限后，应对信息进行删除或匿名化处理。保存在端侧的个人数据，只需对于业务运行过程中产生的包含个人数据的临时文件，或过程文件指定删除时间，其他个人数据由用户自己管理和控制。

b）个人信息控制者应在隐私政策或其他提示中提供其“删除”的方式、方法。

c）个人信息控制者应在隐私政策中表明其如何满足在法律规定的时限内及时答复用户关于删除权的请求，如果必须延长答复用户的时间，则应提供合理理由。

（八）T/TAF 077.7—2020《App 收集使用个人信息最小必要评估规范　人脸信息》

随着移动通信技术的快速发展，移动互联网应用正逐渐渗透到人们生活、工作的各个领域，个人信息安全问题成为各方关注重点。越来越多的移动应用软件使用人脸识别实现场景体验、账户登录、移动支付等功能，人脸信息是用户个人信息的重要部分。目前行业中尚未有从 App 收集使用人脸信息必要性出发的最小必要评估规范，缺乏统一的标准。该标准基于上述考虑制定，标准的主要内容摘编如下。

6.1　收集

a）不应强制或欺骗误导人脸信息主体进行人脸识别，当人脸信息主体不进行人脸识别时，不应禁止人脸信息主体的正常使用，仅可停止访问人脸识别相关功能，法律法规要求的除外。

b）收集人脸信息应以弹窗、勾选、视频、提示音等强化明示的方式向人脸信息主体告知，并征得人脸信息主体的授权同意。

c）收集人脸信息应遵循“最小必要”原则，收集前应通过隐私协议等方式向人脸信息主体告知以下信息：

1）收集、使用人脸信息的目的、方式、类型和范围，以及授权存储时间等规则；

2）收集的人脸信息处理方式的描述，例如仅本地收集、远程核身等；

3）控制者的联系信息，至少包括的信息有组织机构信息、联系方式；

4）人脸信息主体实现查看、修改、删除其人脸信息以及撤回其授权同意的方式。

d）不应超过向人脸信息主体告知同意的范围收集人脸信息。

e）当收集人脸信息超出与所声称的目的具有直接或合理关联的范围，应及时更新明示告知的内容并征得人脸信息主体的授权同意。

6.2　存储

a）应将人脸信息与人脸信息主体的身份信息分开存储。

b）人脸模板应进行加密存储，并采用授权访问方式读取。

c）存储人脸识别比对信息时，可通过密码技术、假名标识符等方式生成不可逆、可更新的人脸参考，并进行加密存储。

d）应只存储满足人脸信息主体授权同意的目的所需的最少人脸信息。

1）智能体验类：人脸信息的存储应仅限于本地进行，且不应直接存储人脸样本。

2）本地核身类：人脸信息的存储应仅限于本地进行，且不应直接存储人脸样本。

3）远程核身类：不应直接存储人脸样本，人脸信息的存储应加密。

4）“本地 + 远程”核身类：不应直接存储人脸样本，人脸信息的存储应加密。

e）应只在人脸信息主体授权的存储时间内存储人脸信息，超出存储期限后，应及时对人脸信息进行删除，法律法规要求的除外。

6.3　使用

a）不应基于人脸信息生成用户画像，且不应基于人脸信息进行定向推送。

b）人脸信息的处理应符合以下要求。

1）智能体验类：人脸信息处理仅应在本地完成，不应传输至远程服务器，且人脸信息不应用于身份认证。

2）本地核身类：应在本地完成人脸比对，不应将人脸信息传输至远程服务器。

3）远程核身类：应对传输的人脸信息进行加密。

4）“本地 + 远程”核身类：应对传输的人脸信息加密。

5）若存在远程传输需求，应仅对业务所需的最小人脸信息进行传输。

6）若存在远程传输需求，应向人脸特征识别信息主体明示告知人脸信息的处理方式，并征得人脸信息主体的授权同意，进行人脸信息的加密传输。

c）在对人脸信息的操作完成后，应对操作过程中产生的临时数据及时清除并确保不可恢复。

d）不应共享或转让人脸信息。

6.4　删除

a）在以下条件满足其中之一时，应及时对人脸信息进行删除处理：

1）超出授权同意的人脸信息存储期限；

2）超出业务所必需地使用人脸信息；

3）法律法规规定的存储期限已经届满。

b）App 提供的删除方法或途径应便于人脸信息主体查找和操作。

c）不应设置不合理的删除条件，例如仅提供现场办理、要求人脸信息主体填写精确的历史操作记录等。

用户个人信息保护系列行业标准

电信和互联网服务用户个人信息保护系列行业标准属于通信服务标准，该系列标准弥补了国内空白，系列标准的实施发布有效支撑了政府监管和企业内部管理。首先，《电信和互联网服务　用户个人信息保护　定义及分类》《电信和互联网服务　用户个人信息保护　分级指南》两项标准作为顶层设计，不同类型的电信互联网业务可依据这两项标准进行个人信息分类分级。其次，针对用户个人信息规模大、存在问题严重的电信互联网业务，优先制定了《电信和互联网服务　用户个人信息保护技术要求　移动应用商店》《电信和互联网服务　用户个人信息保护技术要求　电子商务服务》《电信和互联网服务　用户个人信息保护技术要求　即时通信服务》三项技术要求标准，指导相应企业根据标准建立个人信息保护管理制度和技术手段，提升个人信息保护水平。同时，用户个人信息保护系列标准面向新业态、新服务不断完善，目前《电信和互联网服务　用户个人信息保护技术要求　基础电信服务》《电信和互联网服务　用户个人信息保护技术要求　出行服务》等技术要求标准的制定正在开展。

（一）YD/T 2781—2014《电信和互联网服务　用户个人信息保护　定义及分类》

该标准是电信和互联网服务用户个人信息保护系列标准中的基础标准，重点对电信和互联网业务服务过程中涉及的用户个人信息进行定义和分类，明确电信和互联网行业用户个人信息保护范围，为后续规范电信和互联网服务用户个人信息分级以及按照不同类别业务进行保护奠定基础。该标准规定了电信和互联网服务用户个人信息保护的标准用语和定义、保护范围、信息内容和分类。该标准适用于电信业务经营者和互联网信息服务提供者在提供服务过程中的用户个人信息保护。标准的主要内容摘编如下。

5 用户个人信息内容和分类

5.1 内容和分类概述

综合考虑电信和互联网服务中用户个人信息的属性和类型特征，将电信和互联网用户个人信息分为用户身份和鉴权信息、用户数据和服务内容信息、用户服务相关信息三类。

5.2 第一类：用户身份和鉴权信息

用户身份和鉴权信息包括用户自然人身份和标识信息、用户虚拟身份和鉴权信息两个子类。

5.3 第二类：用户数据和服务内容信息

用户数据和服务内容信息包括用户服务内容和资料数据、用户社交内容信息两个子类。

5.4 第三类：用户服务相关信息

用户服务相关信息包括服务使用信息、设备信息两个子类。

（二）YD/T 2782—2014《电信和互联网服务 用户个人信息保护 分级指南》

该标准是电信和互联网服务用户个人信息保护系列标准中的基础标准，将依据用户个人信息的重要程度，从用户个人信息保护的维度将电信互联网服务进行等级划分，为后续规范电信和互联网用户个人信息分级保护要求奠定基础。在标准中提出电信和互联网服务用户个人信息保护分级指南，规定了电信和互联网服务的用户个人信息保护分级的概念和分级方法；提出电信和互联网服务用户个人信息保护分级概述，规定了用户个人信息保护分级目标和原则；提出电信和互联网服务用户个人信息分级方法，规定了用户个人信息保护分级对象以及不同级别服务所具备的信息要素。标准的主要内容摘编如下。

5.3 分级方法

5.3.1 第 5 级服务的分级方法及基本保护要求

第 5 级服务分级要素如下。

——A1-2（身份证明）：包括但不限于身份证、军官证、护照、驾照、社保卡等影印件。

——A1-3（生理标识）：包括但不限于指纹、声纹、虹膜、脸谱等。

——A2-2（交易类服务身份标识和鉴权信息）：包括但不限于各类交易账号和相应的密码、密码保护答案等。

第 5 级服务基本保护要求：第 5 级分级要素应实施严格的技术和管理措施，保护用户的知情权、选择权，保护用户个人信息的机密性、完整性，确保用户个人信息访问控制安全，建立严格的用户个人信息安全管理规范以及数据实时监控机制。例如，在收集、转移和使用用户个人信息时应征得用户同意，在信息的存储以及收集和转移的传输过程应使用高强度的加密措施，保障数据的机密性和完整性，应对信息采取严格的访问控制措施，应定义严格的用户个人信息各生命周期（包括信息收集、生成、存储、使用、传输、销毁等各个环节）安全管理规范，应设置内部的数据审批流程及制度，并对用户个人信息的使用进行实时监控及预警。

5.3.2 第 4 级服务的分级方法及基本保护要求

第 4 级服务分级要素如下。

——A1-1（用户基本资料）：包括但不限于姓名、证件类型及号码、年龄、性别、职业、工作单位、地址、宗教信仰、民族、国籍等。

——B1-2（联系人信息）：包括但不限于通讯录、好友列表、群组列表等用户资料数据。

——C1-4（位置信息）：包括但不限于用户所在的经纬度、地区代码、小区代码、基站号等。

第 4 级服务基本保护要求：针对第 4 级分级要素应实施必要的技术和管理措施，保护用户的知情权、选择权，保护用户个人信息的机密性、完整性，确保用户个人信息访问控制安全，建立用户个人信息安全管理规范以及数据准实时监控机制。例如，在收集和转移用户个人信息时应征得用户同意，在信息的收集和转移的传输过程应采取必要的加密措施，保障数据的机密性和完整性，应对信息采取严格的访问控制措施，应定义严格的用户个人信息各生命周期（包括信息收集、生成、存储、使用、传输、销毁等各个环节）安全管理规范，应设置内部的数据审批流程及制度，并对用户个人信息的使用进行准实时监控及预警。

5.3.3　第 3 级服务的分级方法及基本保护要求

第 3 级服务分级要素如下。

——A2-1（普通服务身份标识和鉴权信息）：包括但不限于电话号码、账号、邮箱地址、用户个人数字证书以及服务涉及的密码、口令、密码保护答案等。

——B1-1（服务内容信息）：包括电信网和互联网中的服务数据。包括但不限于电信网服务内容信息，例如通话内容、短信、彩信等互联网服务内容信息，如即时通信内容、互联网传输的涉及个人信息的数据文件、邮件内容等。

——B1-3（用户私有资料数据）：包括但不限于用户云存储、终端、SD 卡等存储的用户文字、多媒体等资料数据信息。

——B2-1（私密社交内容）：包括但不限于对特定用户群体发布的社交信息，例如群组内发布内容、设置权限博客内容等。

——C1-2（服务记录和日志）：包括但不限于服务详单：如语音、短信、彩信等电信业务服务详单，可能包含主叫号码、主叫位置、被叫号码、开始通信时间、时长、流量信息等；互联网或移动互联网业务使用情况等，如 Cookie 内容、服务访问记录，例如网址、业务日志等、网购记录等。

——C2-1（设备信息）：包括但不限于硬件型号、唯一设备识别码 IMEI、设备 MAC 地址、SIM 卡 IMSI 信息等。

第 3 级服务基本保护要求：针对第 3 级分级要素应实施基本的技术和管理措施，保护用户的知情权、选择权，确保用户个人信息访问控制安全，建立用户个人信息安全管理规范。例如，在收集和转移用户个人信息时应征得用户同意，应对信息采取必要的访问控制措施，应定义用户个人信息各生命周期（包括信息收集、生成、存储、使用、传输、销毁等各个环节）安全管理规范。

5.3.4　第 2 级服务的分级方法及基本保护要求

第 2 级服务分级要素仅含 C1-3（消费信息及账单）：包括但不限于停开机、

入网时间、在网时间、积分、预存款、信用等级、信用额度、缴费情况、付费方式、出账的固定费用、通信费用、数据费用、代收费用、余额等。

第 2 级服务基本保护要求：针对第 2 级分级要素应实施基本的技术和管理措施，保护用户知情权、选择权，确保用户个人信息访问控制安全。例如，在转移用户个人信息时应征得用户的同意，应对信息采取必要的访问控制措施。

5.3.5　第 1 级服务的分级方法及基本保护要求

第 1 级服务分级要素仅含 C1-1（业务订购关系）：包括但不限于业务订购信息、业务注册时间、修改、注销状况信息等。

第 1 级服务基本保护要求：针对第 1 级分级要素应实施基本的技术和管理措施确保用户个人信息访问控制安全。例如，应对用户个人信息采取必要的访问控制措施。

（三）YD/T 3106—2016《电信和互联网服务　用户个人信息保护技术要求　移动应用商店》

移动应用商店服务作为电信和互联网的代表性服务，是应用程序提供商或个人开发者提供各类应用程序的展示平台，也是用户下载各类手机应用程序的服务平台。移动应用商店作为应用程序提供商、个人开发者与用户之间的沟通渠道，成为用户个人信息保护的关键环节。该标准对移动应用商店服务用户个人信息保护进行分级，并提出移动应用商店服务用户个人信息保护的总体实施原则和具体要求，指导企业规范自身移动应用商店服务的用户个人信息保护工作。标准的主要内容摘编如下。

8.2　第 5 级移动应用商店用户个人信息保护要求

8.2.1　移动应用商店平台管理的用户个人信息保护要求

8.2.1.1　用户注册、登录管理

用户注册、登录管理环节的用户个人信息保护要求包括：

——用户基本资料的收集、转移和使用应征得用户明示同意，存储、转移应采取必要的加密措施；

——普通用户身份标识和鉴权信息的收集、转移应征得用户明示同意，存储、转移应采取必要的加密措施。

8.2.1.2 数据库管理

数据库管理环节的用户个人信息保护要求包括：

——用户交易类身份标识和鉴权信息的存储、转移应采取确保数据机密性和完整性的加密措施，应采取严格的访问控制措施，应设置内部数据审批流程及制度，宜对用户个人信息使用进行监控及预警；

——用户基本资料的存储、转移应采取必要的加密措施，应采取严格的访问控制措施，应设置内部数据审批流程及制度，宜对用户个人信息使用进行监控及预警；

——普通用户身份标识和鉴权信息、服务记录和日志、业务订购和订阅关系的存储、转移应采取必要的加密措施，必要的访问控制措施，必要的安全管理规范。

8.2.1.3 交易支付管理

交易支付管理环节的用户个人信息保护要求包括：

——用户交易类身份标识和鉴权信息的收集、转移和使用应具有充分的必要性并且征得用户明示同意，存储、转移应采取确保数据机密性和完整性的加密措施；

——使用第三方支付交易过程中，移动应用商店不得记录用户交易类鉴权信息，不得向第三方泄露与用户特定交易无关的用户个人信息。

8.2.2 移动应用软件审查和管理的用户个人信息保护要求

8.2.2.1 移动应用软件开发者的审查和管理

移动应用软件开发者使用移动应用商店平台分发移动应用软件，应保护用户的知情权、选择权及其他合法权益，遵循软件行为不越界、操作应征得用户明示同意的原则。

移动应用软件开发者应保证向移动应用商店所提供信息的真实性、准确性和及时性。

移动应用软件开发者应保证对外沟通电子邮件及联系人发生变更时及时进行信息更新。

8.2.2.2 移动应用软件上架前的审查

移动应用软件上架前，移动应用商店要对移动应用软件进行必要的审查和检测，包括移动应用软件功能的审查和检测、用户个人信息收集、转移和使用的合规性审查和检测，以及本标准规定的用户权益保护的审查和检测。

a）移动应用软件功能的审查和检测。

b）用户个人信息收集、转移和使用的合规性。

c）用户相关权益保护的审查和检测。

8.2.2.3 移动应用软件上架后的分发管理

移动应用软件上架后分发管理的用户个人信息保护要求包括：

移动应用商店的应用软件购买服务，用户交易类身份标识和鉴权信息的收集、转移和使用应具有充分的必要性并且征得用户明示同意，存储、转移应采取确保数据机密性和完整性的加密措施；

移动应用商店的应用软件下载、安装、升级和卸载服务，用户位置信息的收集、转移和使用应征得用户明示同意，存储、转移应采取必要的加密措施；

移动应用商店的移动应用软件下载、安装、升级和卸载服务，普通用户身份标识和鉴权信息、服务记录和日志、业务订购和订阅关系、设备信息的收集、转移应征得用户明示同意，存储、转移应采取必要的加密措施。

8.2.3 移动应用商店客户端管理的用户个人信息保护要求

移动应用商店客户端管理的用户个人信息保护要求包括：

用户位置信息、联系人信息的收集、转移和使用应征得用户明示同意，存储、转移应采取必要的加密措施；

服务内容信息、用户私有资料数据、服务记录和日志、用户硬件设备信息的收集、转移应征得用户明示同意，存储、转移应采取必要的加密措施，必要的访问控制措施，必要的安全管理规范。

（四）YD/T 3105—2016《电信和互联网服务　用户个人信息保护技术要求　电子商务服务》

在电信和互联网业务中，电子商务业务规模增长迅速。我国电子商务交易市场规模稳居全球第一，占社会消费品零售总额的比重较大。用户提供个人信息是电子商务交易过程中必不可少的要素，个人信息开发利用与隐私保护之间的矛盾也日益受到人们的关注。该标准重点研究了电子商务服务过程中所涉及的用户个人信息范围及其所属级别，规范电子商务各服务环节对用户个人信息进行采集、转移、使用时所需遵循的准则。标准的主要内容摘编如下。

7　电子商务服务用户个人信息保护技术要求

7.1　概述

电子商务服务收集和使用用户个人信息应符合法律要求，保证用户知情权、选择权，并承担用户个人信息的保护责任。

电子商务服务提供方应按照相应级别的管理要求及保护技术要求对其提供服务过程中涉及的用户个人信息的收集、存储、转移、使用和销毁等工作流程进行规范化管理。

隶属于同一实体或被同一实体所控制的电子商务经营者之间的内部个人信息交互活动，不属于个人信息的转移，有对外使用用户个人信息行为的，参照用户个人信息的使用要求。

电子商务经营者向关联机构或其他受信任的商家或个人提供用户个人信息，应当要求关联机构或其他受信任的商家或个人，遵守电子商务经营者的隐私权政策以及其他任何与用户的约定。

本标准对于电子商务服务的用户个人信息保护技术要求，遵循同级别的不同类型服务应当承担同等程度的用户个人信息保护要求的原则。

电子商务服务提供方应按照本标准中规定的 1 ～5 级的用户个人信息保护技术要求，对其提供的服务进行分级保护。

脱敏后的数据不属于用户个人信息，不在本标准的保护范围内。

7.2　第 5 级电子商务服务用户个人信息保护要求

7.2.1　用户注册、登录服务用户个人信息保护要求

用户注册、登录服务用户个人信息保护要求包括：

a）用户身份证明、交易类身份和鉴权信息的保护要求；

b）用户基本资料、位置信息的保护要求；

c）普通服务身份标识和鉴权信息、服务记录和日志及设备信息的保护要求。

用户个人在接受用户注册服务时，应当提交与本人直接相关的用户个人信息，禁止使用他人个人信息接受用户注册服务，禁止以要约高价出售、出租或者以其他方式转让该注册账户获取不正当利益的目的接受用户注册服务。

7.2.2 浏览检索服务用户个人信息保护要求

浏览检索服务用户个人信息保护要求包括：

a）用户基本资料、位置信息的保护要求；

b）普通用户身份标识和鉴权信息、服务内容信息、服务记录和日志、设备信息的保护要求；

c）消费信息和账单的保护要求；

d）业务订购关系的保护要求。

7.2.3 订购服务用户个人信息保护要求

订购服务用户个人信息保护要求包括：

a）用户基本资料、位置信息的保护要求；

b）普通用户身份标识和鉴权信息、服务内容信息、服务记录和日志、设备信息的保护要求；

c）消费信息和账单的保护要求；

d）业务订购关系的保护要求。

7.2.4 快递物流服务用户个人信息保护要求

快递物流服务用户个人信息保护要求包括：

a）用户基本资料的保护要求；

b）普通用户身份标识和鉴权信息、服务内容信息的保护要求；

c）消费信息和账单的保护要求。

7.2.5 支付结算服务用户个人信息保护要求

支付结算服务用户个人信息保护要求包括：

a）交易类身份和鉴权信息的保护要求；

b）消费信息和账单的保护要求；

c）业务订购关系的保护要求。

7.2.6 信用评价服务用户个人信息保护要求

信用评价服务用户个人信息保护要求包括：

a）普通服务身份标识和鉴权信息、服务内容信息、服务记录和日志的保护要求；

b）消费信息和账单的保护要求；

c）业务订购关系的保护要求。

7.2.7 网络营销服务用户个人信息保护要求

网络营销服务不应当涉及用户身份证明、生理标识、交易类服务鉴权信息、用户私有资料数据。网络营销服务用户个人信息保护要求包括：

a）用户基本资料、位置信息、联系人信息的保护要求；

b）普通服务身份标识和鉴权信息、服务内容信息、服务记录和日志的保护要求；

c）消费信息和账单的保护要求；

d）业务订购关系的保护要求。

（五）YD/T 3327—2018《电信和互联网服务 用户个人信息保护技术要求 即时通信服务》

在电信和互联网服务中，即时通信服务已成为人们日常生活中必不可少的一部分，即时通信服务丰富了人们的沟通方式和渠道，也使人们的联系更加便捷、快速。然而，由于即时通信服务涉及大量的用户个人信息，一些不法企业非法开发、利用、贩卖用户个人信息的情况也变得日益严重，对用户个人信息安全造成严重威胁。因此，加强即时通信服务的用户个人信息保护工作成为当前工作的重点。该标准对即时通信服务用户个人信息保护进行分级，并提出即时通信服务用户个人信息保护的总体实施原则和具体要求，指导各个企业规范即时通信服务的用户个人信息保护工作。标准的主要内容摘编如下。

7 即时通信服务用户个人信息保护技术要求

7.1 即时通信服务用户个人信息保护概述

即时通信服务提供者应按照本标准规定的 1 ～5 级的用户个人信息保护技术要求对其提供服务过程中涉及的用户个人信息的收集、使用进行规范化管理。

同等级别的即时通信服务应当遵循同等程度的用户个人信息保护技术要求。

7.2　第 5 级即时通信用户个人信息保护要求

7.2.1　用户注册、登录服务用户个人信息保护要求

用户注册、登录服务用户个人信息保护要求包括：

a）用户基本资料、位置信息的保护要求；

b）普通服务身份标识和鉴权信息、设备信息的保护要求。

用户个人在接受用户注册服务时，应当提交与本人直接相关的用户个人信息，禁止使用他人个人信息接受用户注册服务，禁止以要约高价出售、出租或者以其他方式转让该注册账户获取不正当利益的目的接受用户注册服务。

7.2.2　浏览检索服务用户个人信息保护要求

浏览检索服务用户个人信息保护要求包括：

a）位置信息的保护要求；

b）普通用户身份标识和鉴权信息、服务内容信息、服务记录和日志的保护要求。

7.2.3　订购服务用户个人信息保护要求

订购服务用户个人信息保护要求包括：

a）交易类身份和鉴权信息的保护要求；

b）用户基本资料、位置信息的保护要求；

c）普通用户身份标识和鉴权信息、服务内容信息、设备信息的保护要求；

d）消费信息和账单的保护要求。

7.2.4　消息即时传送服务用户个人信息保护要求

消息即时传送服务用户个人信息保护要求包括：

a）联系人信息、位置信息的保护要求；

b）服务内容信息、用户私有资料数据的保护要求。

7.2.5　公众账号服务用户个人信息保护要求

公众账号服务用户个人信息保护要求包括：

a）交易类身份和鉴权信息的保护要求；

b）用户基本资料、位置信息的保护要求；

c）普通用户身份标识和鉴权信息、服务内容信息、服务记录和日志、设备信息的保护要求。

电信和互联网服务 用户个人信息保护技术要求 第1部分：定义及分类分级 （征求意见稿）

加强电信和互联网服务用户个人信息保护标准设计，将对于解决用户个人信息和权益保护重点问题具有重要意义。网络的触角随着信息化水平的提高不断延伸，数据流转的通道被打通，在网络上获取个人信息变得越来越容易，无论我国还是欧美等发达国家的用户个人信息保护都面临严峻挑战。大量用户个人信息泄露事件引发媒体和社会舆论的广泛关注，个人信息的高价值性被社会认知，亟需强化个人信息保护顶层设计，建立健全用户个人信息保护标准体系，针对问题突出的领域制定标准规范，助力监管部门打击用户个人信息和权益保护违规行为。

为适应未来电信和互联网行业的快速发展，保证用户个人信息保护相关行业标准能够在更广泛的领域的应用，本标准根据《电信和互联网服务 用户个人信息保护》系列行业标准完善形成国家标准，以此加强对用户个人信息保护的全面性、广泛性。标准的主要内容摘编如下。

5 用户个人信息内容和分类

5.1 内容和分类概述

综合考虑电信和互联网服务中用户个人信息的属性和类型特征，将电信和互联网用户个人信息分为用户身份和鉴权信息、用户数据和服务内容信息、用户服务相关信息三类：

——用户身份和鉴权信息是能够单独或与其他信息结合，对用户自然人身份进行识别，或代替用户自然人身份属性在电信和互联网服务中使用的虚拟身份信息，也包括用于验证身份的鉴权相关信息；

——用户数据和服务内容信息是电信和互联网服务过程中收集的具有用户隐私属性的数据和内容信息；

——用户服务相关信息是电信和互联网服务过程中，所收集的服务使用情况及服务相关辅助类信息。

5.2　第一类：用户身份和鉴权信息

用户身份和鉴权信息包括用户自然人身份和标识信息、用户虚拟身份和鉴权信息两个子类。用户身份和鉴权信息子类和范围见表4-2。

表4-2　用户身份和鉴权信息子类和范围

子类	范围（包括但不限于）	信息举例
A1：用户自然人身份和标识信息	A1-1：用户基本资料	姓名、证件类型及号码、年龄、性别、职业、工作单位、地址、宗教信仰、民族、国籍等
	A1-2：身份证明	身份证、军官证、护照、驾照、社保卡等证件影印件
	A1-3：生物特征	指纹、声纹、虹膜、脸谱等
A2：用户虚拟身份和鉴权信息	A2-1：普通服务身份标识和鉴权信息	电话号码、账号、邮箱地址、用户个人数字证书以及服务涉及的密码、口令、密码保护答案等
	A2-2：交易类服务身份标识和鉴权信息	各类交易账号和相应的密码、密码保护答案等

5.3　第二类：用户数据和服务内容信息

用户数据和服务内容信息包括用户服务内容和资料数据、用户社交内容信息两个子类。用户数据和服务内容信息子类和范围见表4-3。

表4-3　用户数据和服务内容信息子类和范围

子类	范围（包括但不限于）	信息举例
B1：用户服务内容和资料数据	B1-1：服务内容信息	电信网服务内容信息，如通话内容、短信、彩信等；互联网服务内容信息，如即时通信内容、互联网传输的涉及个人信息的数据文件、邮件内容等
	B1-2：联系人信息	通讯录、好友列表、群组列表等用户资料数据
	B1-3：用户私有资料数据	用户云存储、终端、SD卡等存储的用户文字、多媒体等资料数据信息

续表

子类	范围（包括但不限于）	信息举例
B2： 用户社交内容信息	B2-1：私密社交内容	对特定用户群体发布的社交信息，如群组内发布内容、设置权限博客内容等

5.4 第三类：用户服务相关信息

用户服务相关信息包括服务使用信息、设备信息两个子类。用户服务相关信息子类和范围见表 4-4。

表4-4 用户服务相关信息子类和范围

子类	范围（包括但不限于）	信息举例
C1： 用户服务使用信息	C1-1：业务订购、订阅关系	业务订购信息、业务注册时间、修改、注销状况信息等
	C1-2：服务记录和日志	服务详单：如语音、短信、彩信等电信业务服务详单，可能包含主叫号码、主叫位置、被叫号码、开始通信时间、时长、流量信息等； 互联网或移动互联网业务使用情况等，如 Cookie 内容、服务访问记录，如网址、业务日志等、网购记录等
	C1-3：消费信息和账单	停开机、入网时间、在网时间、积分、预存款、信用等级、信用额度、缴费情况、付费方式等； 账单：如出账的固定费用、通信费用、数据费用、代收费用、余额等
	C1-4：位置信息	用户所在的经纬度、地区代码、小区代码、基站号等
C2： 用户设备信息	C2-1：设备信息	硬件型号、唯一设备识别码 IMEI、设备 MAC 地址、SIM 卡 IMSI 信息等

6 用户个人信息保护分级方法

6.1 对象和分级概述

用户个人信息保护分级对象为特定的电信和互联网服务，该服务包含用于信息交互的各类硬件、软件及相关应用逻辑和业务流程。

用户个人信息保护分级的目标是根据服务所处理用户个人信息的敏感性，对电信和互联网服务进行用户个人信息保护级别划分。电信和互联网服务提供方应按照本标准中规定的分级方法对其提供的服务进行分级。

本标准对不同类型和级别的电信和互联网服务提出不同的用户个人信息保护要求，遵循同级别的不同类型服务应当承担同等程度的用户个人信息保护要求的原则。电信和互联网服务提供方应按照相应级别的管理要求及技术要求对其提供服务过程中涉及的用户个人信息处理工作流程进行规范化管理。

6.2　级别划分

电信和互联网服务用户个人信息保护级别划分的原则：根据电信和互联网服务所处理用户个人信息的敏感性确定服务的用户个人信息保护级别。

本标准将电信和互联网服务的用户个人信息保护级别由低到高划分为1～5级，服务所处理的用户个人信息敏感性越高，该服务的用户个人信息保护级别就越高。

按照用户个人信息保护分级方法确定服务的用户个人信息保护级别后，服务提供方应按照对应级别所规定的要求在处理收集和使用个人信息过程中提供相应的保护机制。由于服务内容发生变化而导致处理过程中涉及的用户个人信息发生变化时，应对该服务重新分级。

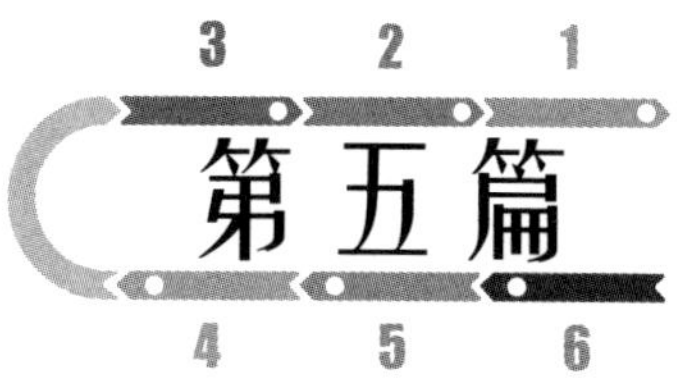

专家观点：解读最新制度规则

以法律手段维护用户权益，纵深推进 App 个人信息保护治理工作

中国信息通信研究院院长　余晓晖

2021 年 4 月 26 日，在国家互联网信息办公室的统筹指导下，工业和信息化部会同公安部、国家市场监督管理总局发布《移动互联网应用程序个人信息保护管理暂行规定（征求意见稿）》（以下简称《规定》），对移动互联网应用程序（以下简称 App）个人信息处理活动做出专门规定。《规定》全文共二十条，以“依法治理、源头治理、系统治理、综合治理”为方法论，以“知情同意”和“最小必要”两项保护原则为纲领，以 App 开发运营者、App 分发平台、App 第三方服务提供者、移动智能终端生产企业以及网络接入服务提供者五类监管对象为重点，以标准制定、自律评估、投诉举报以及处置措施作为监管抓手，纵深推进 App 个人信息保护治理工作，向违法违规处理 App 用户个人信息的行为精准亮剑。

一、《规定》以四个治理理念为方法论

党中央高度重视国家治理体系和治理能力现代化工作。《规定》以“依法治理、源头治理、系统治理、综合治理”作为总体框架，为深入开展 App 个人信息保护治理工作提供了强有力的制度基础。

一是坚持依法治理，充分衔接现有法律依据。依法治理要求贯彻法治思维和法治方式。《规定》中的制度设计以《中华人民共和国网络安全法》等法律法规

为依据，为App个人信息处理活动划出了底线和红线，明确了App个人信息保护的具体要求。

二是坚持源头治理，聚焦最突出的问题。源头治理要求坚持以问题为导向，针对App行业发展面临的突出问题、薄弱环节进行规制，对症下药、精准发力。《规定》对App违规收集个人信息、超范围收集个人信息、违规使用个人信息、强制用户使用定向推送功能、强制频繁过度索取权限等人民群众关注的重点问题，做出了有针对性的制度规定。

三是坚持系统治理，做好整体统筹协调。系统治理要求坚持系统谋划，立足长远。《规定》明确了“专项整治和长效治理相结合”的监管模式，从“局部监管、突出问题”转为“全流程、全链条、全主体”监管，将有效提升行业领域个人信息保护监管水平。

四是坚持综合治理，完善多元主体参与机制。综合治理要求多元主体之间齐抓共管、群策群力、良性互动。《规定》秉持“多元共治”的思维，明确了政府机构、行业组织、企业、用户等多元主体在App个人信息保护工作中相应的法律义务和社会责任。

二、《规定》以两项保护原则为纲领

《规定》以“知情同意”和“最小必要”两项个人信息保护基本原则为纲领，在具体应用场景中细化了“知情同意”“最小必要”的认定标准，为App个人信息处理活动提供了明确的指引，能够有效解决实践中用户个人信息收集使用规则、目的、方式和范围不明确的问题。

一是《规定》第六条明确了“知情同意”原则的具体管理要求，规定从事App个人信息处理活动的，应当以清晰易懂的语言告知用户个人信息处理规则，由用户在充分知情的前提下，做出自愿、明确的意思表示，并明确了“六项应当”要求。

二是《规定》第七条明确了“最小必要”原则的具体规定，规定从事App个人信息处理活动的，应当具有明确、合理的目的，并遵循最小必要原则，不得从事超出用户同意范围或者与服务场景无关的个人信息处理活动，并提出了“六项不得”要求。

三、《规定》以五类监管对象为重点

党的十八大以来，以移动互联网为代表的现代信息技术日新月异，新一轮科技革命和产业变革蓬勃发展，数字化、网络化、智能化加速推进，不断催生新业态、新模式，推动各类应用程序蓬勃发展，App 在架数量和用户规模持续扩大，已经成为个人信息保护的关键领域。但各类 App 在开发、运营、预置、分发等不同环节中涉及的主体较多，个人信息保护责任难以界定。同时，不同环节中相应主体从事的服务类型不同，在 App 个人信息保护方面既有共通性要求也有差异性要求。为此，《规定》以 App 开发运营者、App 分发平台、App 第三方服务提供者、移动智能终端生产企业以及网络接入服务提供者等主体作为重点监管对象，采取“共性 + 个性”的规范思路。

《规定》既明确了各类主体应当共同遵循的个人信息保护总体性要求，也分别规定了各类主体在 App 个人信息保护方面应当承担的个性化义务，以实现 App 治理全链条、全主体、全流程规范。

四、《规定》以四大监管举措为抓手

《规定》以标准制定、评估认证、投诉举报以及处置措施作为监管抓手。

一是完善政策标准制定。《规定》明确，监督管理部门推进政策标准规范等相关工作，加强信息共享及对 App 个人信息保护工作的指导。此前，针对 App 治理中发现的问题，在工业和信息化部的指导下，电信终端产业协会联合终端厂商、互联网企业、安全企业等行业力量，制定发布了《App 用户权益保护测评规范》《App 收集使用个人信息最小必要评估规范》两个系列标准。下一步，电信终端产业协会还需要继续完善 App 治理标准体系，推动将已发布的团体标准上升为行业标准，进一步细化 App 收集使用个人信息规范要求，推动制定终端、SDK、分发平台等有关权限管控、集成接口、上架明示等配套标准，与 App 个人信息保护标准做好衔接，为企业合规经营提供明确的指引。

二是开展评估认证。《规定》明确，相关行业组织和专业机构按照有关法律法规、标准及本规定，开展 App 个人信息保护能力评估、认证。行业只有通过不断的自律发展，更多地履行国家和社会责任，更好地发挥政府和市场各自的作用，才能使行业发展走向良性循环，才能满足人民群众的需要，才能在国际上更具有竞争力。下一步，相关行业组织和专业机构需要积极运用人工智能、大数据等新技术，组织优势力量，有力保障、持续优化、高效推进评估认证工作，开展违法行为监测和检测活动，实现线上线下、联防联控管理体系。

三是推动投诉举报。《规定》指出，任何组织和个人发现违反本规定行为的，可以向监督管理部门或者中国互联网协会、中国网络空间安全协会投诉举报。此举有助于畅通社会监督表达渠道，应用好互联网信息服务投诉平台以及中国互联网协会设立的 12321 网络不良与垃圾信息举报受理中心两大投诉渠道，加大对于两大投诉渠道的宣传力度，推动举报投诉工作标准化、规范化，及时处理相关举报案件。

四是明确处置措施。首先，《规定》明确了违法行为的处置措施，依次按照责令整改、社会公告、下架处置、断开接入等流程进行处置，并明确具体时间期限。其次，《规定》也对整改反复出现问题的 App 规定了处置要求，包括监督管理部门可以指导组织 App 分发平台和移动智能终端生产企业在集成、分发、预置和安装等环节进行风险提示，情节严重的采取禁入措施。最后，《规定》设置了衔接性的法律责任条款，规定从事 App 个人信息处理活动侵害个人信息权益的，将依照有关规定予以处罚；构成犯罪的，公安机关依法追究刑事责任。监管部门下一步需要加大对于违法行为的处置力度，集中力量对广大人民群众深恶痛疾、反映强烈的违规行为进行严厉打击，用好用足现有处罚措施。同时，监管部门将及时公布典型处罚案例，加大违法行为惩戒曝光的力度，充分发挥反面案例的警示和教育作用。

良法善治深入推进 App 个人信息保护治理工作

中国信息通信研究院副院长　王志勤

近年来，移动互联网快速发展不断催生新业态、新模式，推动各类移动互联网应用程序（以下简称 App）蓬勃兴起，成为网络应用的主要载体。当前，我国 App 在架数量和用户规模持续扩大，覆盖经济社会生产生活的各个方面，已经成为个人信息保护的关键领域。为持续强化 App 个人信息保护，规范 App 个人信息处理活动，在国家互联网信息办公室的统筹指导下，工业和信息化部会同公安部、国家市场监督管理总局联合起草制定了《移动互联网应用程序个人信息保护管理暂行规定（征求意见稿）》（以下简称《规定》），并于 2021 年 4 月 26 日向社会公开征求意见。《规定》共计二十条，立足我国 App 个人信息保护管理实践，将人民群众反映强烈的重点问题纳入规制范围，坚持依法治理、技术治理、综合治理，提升了个人信息保护力度，强化了个人信息保护硬度，完善了个人信息保护维度，实现了 App 个人信息保护的法治化、技术化和体系化，为切实保护用户权益、持续深入推动 App 治理工作提供了坚实的制度保障。

一、坚持依法治理，提升个人信息保护力度

“求木之长者，必固其根本”，法治是治国理政的基本方式，是互联网治理特别是个人信息保护工作不可或缺的重要手段。党的十九大指出要以良法促进发

展、保障善治。党的十九届五中全会明确提出，维护人民根本利益，保障国家数据安全，加强个人信息保护。在我国互联网产业高速发展的同时，工业和信息化部等有关部门高度重视个人信息保护工作，逐步完善相关法律法规。《规定》在我国现有个人信息保护管理要求的基础上，聚焦 App 领域的突出问题，进一步提升用户个人信息保护力度。

一是及时有效回应个人信息保护迫切需求。虽然近年来我国个人信息保护力度不断加大，但在现实生活中，由于用户个人信息收集使用规则、目的、方式和范围仍存在不明确的地方，个人信息保护仍面临诸多问题和挑战，尤其是 App 侵犯个人信息问题突出。截至 2020 年年底，我国国内市场上监测到的 App 数量为 345 万款，根据工业和信息化部近期通报情况显示，部分 App 随意收集、违法获取、过度使用个人信息情况比较严重。违法违规处理用户个人信息不仅侵害了人民群众的切身利益，也严重扰乱了数字经济市场秩序。工业和信息化部研究制定《规定》恰逢其时，为 App 个人信息处理活动画出底线、明确红线，既有利于监管部门明确职责，按照法定权限和程序行使权力，也有利于降低各类市场主体合规成本，稳定市场预期，促进我国数字经济发展行稳致远。

二是坚持法律继承与制度创新并重。《规定》立足于各行业主管部门管理职责，以《中华人民共和国网络安全法》等法律法规为依据，针对 App 个人信息保护工作的特点建章立制，即有对现行法律制度的继承和补充，也有随着信息通信技术发展同步推进的制度创新和细化。一方面，《规定》明确了 App 个人信息处理活动的总体要求，应当采用合法、正当的方式，遵循诚信原则，不得通过欺骗、误导等方式处理个人信息；另一方面，结合 App 专项治理工作实践，按照上位法的基本规定，在具体应用场景中细化了“知情同意”“最小必要”的认定标准，创造性地提出了“六项不得”要求和“六项应当”义务，有效解决了实践中用户个人信息收集使用规则、目的、方式和范围不明确的问题。

三是持续完善行业监管执法建设。长期以来，我国个人信息保护工作面临着法律实施的难题，造成虽然有法律规定但常常束之高阁的情况。一方面，个人信息保护涉及多个行业监管部门，部门之间职责划分不清，重复执法和执法空白同时存在；另一方面，监管手段和执法力量有限，难以有效实现个人信息保护的立法目的。《规定》以App个人信息保护领域为突破口，强化行业监管职责，有效解决了上述问题。第一，《规定》明确了App个人信息保护的联合工作机制，即国家互联网信息办公室负责统筹协调App个人信息保护工作和相关监督管理工作，会同工业和信息化部、公安部、国家市场监督管理总局建立健全App个人信息保护监督管理联合工作机制，统筹推进政策标准规范等相关工作，加强信息共享及对App个人信息保护工作的指导。各部门在各自职责范围内负责App个人信息保护和监督管理工作。第二，《规定》规定了监督管理制度，根据人民群众投诉举报情况和监管中发现的问题，监督管理部门可以对存在问题和风险的App实施个人信息保护检查，并要求从事App个人信息处理活动的相关主体对监督管理部门依法实施的监督检查予以配合。第三，《规定》细化了违规处置流程和具体措施，例如明确了App下架处置和恢复上架的要求，提升了监管的规范性和透明度。

二、坚持技术治理，强化个人信息保护硬度

“技术前进一小步，管理难度增加一大步”，新一代信息通信技术的快速发展对个人信息保护工作提出了更高的要求。硬科技需要更硬的法律和监管制度，只有着眼于技术发展规律，有前瞻性地为App发展把好方向、提供适宜的法律制度环境，才能够充分发挥立法维护人民权益、规范产业发展、促进技术进步的作用。《规定》针对App技术特点和发展规律，坚持技术治理，进一步强化了个人信息保护的硬度。

一是以技术产业创新主体为重点压实监管责任。网络社会的诞生本身就是技术的一种反映，对任何新技术形式的治理往往都要从技术本身出发来进行审视。《规定》从技术研究、应用的角度出发，以App开发运营者、App分发平台、App第三方服务提供者、移动智能终端生产企业以及网络接入服务提供者五类技术产业主体作为重点监管对象，既规定了五类主体应当共同遵循的个人信息保护总体要求，也分别规定了不同主体在App个人信息保护方面应当承担的具体义务，进一步明确和细化了主体责任。例如，针对第三方SDK违规收集个人信息管理不到位的突出问题，明确将第三方SDK纳入监管范围，细化了第三方SDK

收集使用个人信息要求，并规定了针对第三方 SDK 的处置措施。

二是以技术检测平台为依托提升监管能力。目前，App 在架数量多，且保持平均两周一次的频繁迭代更新，对 App 个人信息保护工作提出了新要求。现有技术监管手段由于自动化检测能力低、覆盖范围受限，很难实现全面均衡监管。为解决此问题，监管部门指导中国信息通信研究院联合部分互联网企业共同建设了“全国 App 技术检测平台”，组织行业优势力量，运用人工智能、大数据等技术手段持续优化平台能力，大幅提升监管自动化、智能化、标准化。这种行之有效的技术检测手段为监管部门进行 App 个人信息保护检查工作提供了有力的支撑。

三是以技术标准为核心强化监管要求。标准本质上是一种技术制度，为应对风险社会挑战，标准化越来越强调“事前引领”的功能，制定好的标准能够有效实现支撑法律实施的目的。例如，在前期 App 个人信息专项治理行动中，工业和信息化部指导相关单位组织制定了《App 用户权益保护测评规范》10 项标准，对于“最小必要化”等收集使用用户个人信息原则，制定了《App 收集使用个人信息最小必要评估规范》26 项系列标准，并通过电信终端产业协会以团体标准的形式发布，取得了良好的社会效果。《规定》将这种做法也固化为制度，规定相关行业组织和专业机构按照有关法律法规、标准，开展 App 个人信息保护能力评估、认证。

三、坚持综合治理，完善个人信息保护维度

App 个人信息保护治理工作情况多变复杂，涉及人数众多，是一项艰巨的系统工程，需要提升综合治理能力。《规定》坚持体系化共治思维，坚持政府、企业、行业共同参与，多维度系统推动解决 App 个人信息保护治理问题。

一是构建多层次的 App 个人信息保护规范体系。App 个人信息保护问题不是一部法律或者一个规定能够单独解决的。《规定》继承了《中华人民共和国网络安全法》《中华人民共和国电信条例》《互联网信息服务管理办法》《电信和互联网用户个人信息保护规定》等法律法规核心内容，系统总结了《关于开展 App 违法违规收集使用个人信息专项治理的公告》《工业和信息化部关于开展 App 侵

害用户权益专项整治工作的通知》《工业和信息化部关于纵深推进 App 侵害用户权益专项整治行动的通知》等实践中已经成熟的经验做法和管理措施并进行制度化。《规定》的制定，将推动形成一个涵盖法律、行政法规、部门规章、规范性文件在内多层级的 App 个人信息保护规范体系，为用户个人信息保护提供更加全面的法律制度保障。

二是构建多主体的个人信息保护责任体系。App 个人信息保护工作是国家、社会、企业的共同责任，需要政府、行业、企业等不同主体的积极参与，从不同的角度发挥各自重要的作用。第一积极推进政府的监管创新。App 个人信息保护治理工作需要国家发挥主导作用，政府部门监管是最主要的推动力量。为切实提升监管效率，需要创新监管手段、完善监管措施，《规定》在长期实践的基础上，规定了社会公告、直接下架处理、断开接入等诸多监管处置措施，实现监管创新和技术创新同步发展。第二持续强化行业自律和社会监督。行业自律和社会监督虽然没有政府管理的强制力，但它可以通过制造舆论来影响个人信息保护的发展。为此，《规定》要求被下架的 App 完成整改并做出企业自律承诺后，可申请恢复上架。第三大力提升企业的履责水平。企业是最主要的市场主体，也是用户权益保护的重要实践者与行动者，其履责水平的高低直接关系到个人信息保护工作的水平。《规定》坚持强化主体责任，明确了 App 开发运营者等五类主体在 App 个人信息处理活动中的具体义务要求，有助于企业完善内部治理，厘清自身产品的服务功能及场景合理性需求，确保商业模式创新和技术发展演进以充分保障用户合法权益为前提，提升履责水平。

完善 App 个人信息保护
助力数字经济行稳致远

中国信息通信研究院政策与经济研究所所长　辛勇飞
中国信息通信研究院政策与经济研究所主任工程师　何波

2021 年 4 月 26 日，工业和信息化部发布《移动互联网应用程序个人信息保护管理暂行规定（征求意见稿）》（以下简称《暂行规定》），向社会公开征求意见。《暂行规定》是我国首部针对 App 个人信息保护的专门管理规定，从全球范围来看也是具有引领性的立法文件。《暂行规定》顺应全球个人信息保护趋势，立足我国数字经济发展实际，及时有效地回应了 App 用户个人信息保护的迫切需求。

一、加强个人信息保护是全球数字经济发展的普遍共识

进入数字经济时代，技术发展日新月异，万物互联、人机交互使个人信息保护面临前所未有的挑战，不仅极大地扩展了个人信息收集使用的规模，而且增加了个人信息泄露、滥用的风险。个人信息保护水平的高低对数字经济发展的营商环境具有重要影响，已经成为国际社会广泛关注的重要议题。制定个人信息保护立法、加强监管执法，是全球数字经济发展背景下的大势所趋。据不完全统计，目前已有近 120 多个国家和地区制定了个人信息保护法律，还有约 40 多个国家和地区正在起草制定相关的法律法规，基本形成了以欧盟和美国为代表的两种个人信息保护模式。

欧盟模式坚持统一立法、严格保护，树立了全球个人信息保护标杆。2018年，欧盟《通用数据保护条例》（*General Data Protection Regulation*）（简称GDPR）正式实施，GDPR全面提升了个人数据保护力度，开创性地引入数据可携权、被遗忘权，对数据控制者、处理者建立了更为严苛的监管要求，并针对大数据背景下的数据分析、画像活动制定了详细的法律规则。自GDPR生效以来，欧盟监管机构执法频率高、处罚力度大，依法处罚了490余起案件，累计罚款金额超过2.7亿欧元。与此同时，欧盟数据保护机构还围绕适用范围、数据泄露、用户同意等规则发布了超过20项适用指南。

虽然美国在联邦层面没有制定统一的个人信息保护法和专门的保护机构，但近年来在各州层面迎来了隐私立法的复兴。例如，仅在欧盟GDPR正式实施一个月，美国加尼福利亚州就紧随其后出台了《加州消费者隐私法案》（*California Customer Private Act*）（简称CCPA），赋予消费者对其个人信息强有力的控制权，同时进一步规范了企业收集、使用、转让消费者个人信息的行为。此外，美国联邦贸易委员会（Federal Trade Commission，FTC）也从消费者权益保护角度持续加大隐私保护执法力度，在剑桥分析数据泄露案件中，Facebook与FTC达成了高达50亿美元的巨额和解协议。

从国际社会来看，高水平个人信息保护的国家和地区相对比较容易在数字经济发展国际合作中取得信任，在数据跨境流动等关键议题上建立合作关系。例如，欧盟通过充分性认定不断扩大跨境数据流动范围，美国推动建立亚太经济组织（Asia Pacific Economic Cooperation，APEC）跨境隐私规则体系。在我国数字经济走向全球化的过程中，推动数据（特别是个人信息）依法有序自由流动，也需要以国内高水平、严要求的个人信息保护法为基础，以取得世界主要经济体的充分信任，达成合作共识，在全球数字经济中释放我国数据规模优势。

二、我国数字经济创新发展需要处理好与个人信息保护的关系

数据是数字经济发展的关键要素，用户个人信息是大数据尤其是企业数据的重要来源。我国互联网产业普遍采用“前端免费、后端获利”的模式，随着技术演进，盈利模式也从在线广告向基于大数据的定向推送、精准营销转变，用户个

人信息成为企业掘取利益的核心价值源。第47次《中国互联网络发展状况统计报告》显示，截至2020年年底，中国的网民规模达9.89亿人，互联网普及率达70.4%。我国数字经济的快速发展和高速增长得益于国内庞大的用户群体和海量的数据资源优势，也离不开长期以来包容审慎的监管环境。

虽然近年来我国个人信息保护力度不断加大，但在现实生活中，用户个人信息保护仍然面临诸多问题和挑战。一是App侵犯个人信息问题非常突出。随着移动互联网的快速发展，不断催生新业态、新模式，推动App在架数量和用户规模持续扩大（截至2020年年底，我国国内市场上监测到的App数量为345万款），App已经成为个人信息保护的关键领域。目前，App在架数量大、迭代更新频繁，对个人信息保护工作提出了新要求，也给技术监管带来了新挑战。二是对于一些具体问题现有立法还没有明确的规定。例如，由于《中华人民共和国个人信息保护法》尚未出台实施，现有法律法规对个人信息收集使用目的、方式和范围尚存在一些不明确的地方。

违法违规处理用户个人信息不仅侵害了人民群众的切身利益，也严重扰乱了数字经济市场秩序。因此，当务之急是要建章立制，为App个人信息处理活动画出底线、明确红线，这样既有利于监管部门明确职责，按照法定权限和程序行使权力，也有利于降低各类市场主体合规成本，稳定市场预期，促进我国数字经济发展行稳致远。

三、《暂行规定》以良法促发展保障善治

工业和信息化部组织起草《暂行规定》恰逢其时，制度合理、特色突出，体现了以良法促发展、保障善治的立法目的，具有非常重要的现实意义。《暂行规定》落实《中华人民共和国网络安全法》《中华人民共和国电信条例》等法律法规的要求，聚焦App个人信息保护相关问题，明确监管边界，既吸收了国际个人信息保护的有益经验，也体现了我国App监管治理的时代特色。一方面，《暂行规定》明确了国际社会普遍采纳的“知情同意”和“最小必要”等基本原则，相关制度设计坚持借鉴和创新并重，按照上位法的相关要求，在具体应用场景中细化了“知情同意”“最小必要化”的认定标准，有效解

决了实践中用户个人信息收集使用规则、目的、方式和范围不明确的问题。另一方面，《暂行规定》立足于我国个人信息保护管理实践，将近两年来App治理工作中已经成熟的经验做法通过《暂行规定》上升为固定制度。例如，“知情同意”中的“六项应当”要求和“最小必要”中的“六项不得”义务；同时细化了违规处置流程和具体措施，从事个人信息处理活动的有关主体违反本规定的，依次按照通知整改、公开通报、下架处置、断开接入流程进行处置，并明确了具体时间期限，提升了监管的规范性和透明度。

《暂行规定》的制定，将推动形成一个涵盖法律、行政法规、部门规章、规范性文件在内多层级的App个人信息保护规范体系，为持续深入推动App治理工作和加强用户个人信息保护提供了更加全面的法律制度保障。

以制度之基夯用户权益保障之实

中国信息通信研究院政策与经济研究所副所长　张春飞
中国信息通信研究院政策与经济研究所研究员　杨婕

2021 年 4 月 26 日，为持续强化 App 个人信息保护，规范 App 个人信息处理活动，在国家互联网信息办公室的统筹指导下，工业和信息化部会同公安部、国家市场监督管理总局联合起草制定《移动互联网应用程序个人信息保护管理暂行规定（征求意见稿）》（以下简称《规定》）。《规定》共计二十条，在总结近年来 App 专项治理工作实践的基础上，将已经成熟的经验做法和管理措施制度化和程序化，为规范 App 个人信息处理活动以及切实保障用户权益提供了坚实的制度保障。《规定》作为我国首部针对 App 个人信息保护的系统性规定，从全球范围来看，也具有一定的引领性和创新性。

一是《规定》的制定是加强个人信息保护、促进我国移动互联网产业行稳致远的重要举措。

党的十八大以来，以移动互联网为代表的现代信息技术日新月异，新一轮科技革命和产业变革蓬勃发展，数字化、网络化、智能化加速推进，不断催生新业态、新模式，推动各类应用程序蓬勃发展，App 在架数量和用户规模持续扩大（截至 2020 年年底，我国国内市场上监测到的 App 数量为 345 万款），已经成为个人信息保护的关键领域。但相比其他行业，移动互联网行业具有创新能力强、迭代周期短、形态变化多样等特征，小程序等新应用形态不断出现，行业持续快速发展带来了监管问题和监管对象的动态性变化。虽然近年来我国个人信息保护力度不断加大，但在现实生活中，由于个人信息收集的规则、目的、方式和范围仍存在不明确之处，部分App过度收集、违法获取个人信息现象比较突出。数字经济时代，违法收集App个人信息的行为不仅侵害了人民群众的切身利益，也严重扰乱了数字经济市场秩序。及时有效维护用户合法权益，严格规范App个人信息收集行为，尤为必要。只有引导企业做好个人信息安全和隐私保护工作，才能提升企业的竞争力以及国际影响力，推动行业发展走向良性循环，在更广范围、更深程度、更高水平上实现移动互联网健康发展。

二是《规定》是完善我国App个人信息保护立法体系，坚持依法治理的必然之举。

党的十九届五中全会上，习近平总书记对推进国家治理体系和治理能力现代化，依法治国做出了全面部署，提出了明确要求。长期以来，我国个人信息保护工作都面临着法律规定针对性不足的难题，造成虽然有法律规定，但是规则无法指导实践的局面。App个人信息保护更是如此，此前开展App专项治理工作依据的法律法规主要是《中华人民共和国网络安全法》《电信和互联网用户个人信息保护规定》（中华人民共和国工业和信息化部令第24号）等，缺乏针对App的专门管理规定，而《中华人民共和国网络安全法》的规定较为原则，部24号令出台较早，对以App为主要形式的移动互联网监管针对性不够，企业也常反映面临多头监管、标准不一等问题。为此，《规定》以App个人信息保护领域为突破口，针对App个人信息保护工作的特点建章立制，对法律制度进行细化和补充。未来随着《中华人民共和国个人信息保护法》的出台以及《规定》的落地，将推动我国形成一个涵盖法律、行政法规、部门规章、规范性文件在内的多层次的App个人信息保护规范体系。另外，《规定》注意到与个人信息保护法衔接的问题，与《中华人民共和国个人信息保护法（草案）》在整体精神和概念表述等方面保持一致，同时预留了调整空间，在《规定》第二条中增加了“法律、行政法规对个人信息处理活动另有规定的，适用其规定”，还将《规定》定位为“暂行规定”。

三是《规定》从源头出发坚持问题导向，聚焦App个人信息保护难点、痛点问题。

目前，我国互联网产业普遍采用“前端免费、后端获利”的模式，用户个人信息成为企业掘取利润的核心价值源，为逐利而超范围收集用户个人信息，侵害用户权益的情况时有发生。我国个人信息保护制度主要以“知情同意”机制为核心，但由于存在信息不对称等现实问题，“信息自决”有可能沦为“信息他决”。在当前主流的商业模式下，企业通过 App 向用户提供各种免费服务，但被要求同意收集和使用个人信息成为常态。企业往往使用概括性授权的“一揽子协议”，这在导致用户不接受产品或服务的隐私政策时，则完全无法使用该产品或服务，使“知情同意”原则形式大于实质。此次《规定》在具体应用场景中细化了“知情同意”“最小必要”的认定标准，能够有效解决实践中用户个人信息收集使用规则、目的、方式和范围不明确的问题。《规定》第六条明确了“知情同意”原则的具体管理要求，规定从事 App 个人信息处理活动的，应当以清晰易懂的语言告知用户个人信息处理规则，由用户在充分知情的前提下，做出自愿、明确的意思表示，并明确了“六项应当”要求。《规定》第七条明确了“最小必要”原则的具体规定，规定从事 App 个人信息处理活动的，应当具有明确、合理的目的，并遵循“最小必要”原则，不得从事超出用户同意范围或者与服务场景无关的个人信息处理活动，并提出了“六项不得”要求。

四是《规定》健全监管流程加大惩处力度，解决企业主体责任落实不到位问题。

App 个人信息保护治理工作复杂艰巨，涉及 App 运营开发、移动应用分发平台、SDK 等多个环节。近年来，工业和信息化部持续开展 App 侵害用户权益专项整治行动，从已经通报的十几批次集中检查情况来看，部分 App 违规收集个人信息、违规使用个人信息、强制索权问题仍然存在。为此，监管部门需要增加企业的违规成本，采取有效方式制约和减少违法违规 App 侵害用户权益的行为。一方面，《规定》理顺了 App 个人信息保护整体监管机制，规定由国家互联网信息办公室负责统筹协调 App 个人信息保护工作和相关监督管理工作，会同工业和信息化部、公安部、国家市场监督管理总局建立健全 App 个人信息保护监督管理联合工作机制，统筹推进政策标准规范等相关工作，加强信息共享及对 App 个人信息保护工作的指导。另一方面，《规定》明确了违法行为的处置措施，对违法行为将依次按照责令整改、社会公告、下架处置、断开接入等流程进行处置，并明确具体时间期限，能够起到提升监管的规范性和透明度的作用。同时，《规定》也对整改反复出现问题的 App 规定了处置要求，包括监督管理部门可以指导组织 App 分发平台和移动智能终端生产企业在集成、分发、预置和安装等环节进行风险提示，情节严重的采取禁入措施。

相关法律法规

当前，以移动互联网为代表的新一代信息通信技术快速发展，覆盖经济社会生产生活各个方面，App 在架数量和用户规模持续扩大，已经成为个人信息保护的关键领域。我国高度重视个人信息保护工作，近年来个人信息保护力度不断加大，相关法律法规不断建立健全，对 App 在内的各行业、各领域个人信息保护工作起到了重要作用。

我国个人信息保护立法概况

我国个人信息保护立法历经初始阶段、上升阶段、统一阶段 3 个阶段，目前初步形成了多层次、多领域的个人信息保护法律体系。

一是初始阶段。早在 2012 年，我国就认识到保护个人信息的重要性，《全国人民代表大会常务委员会关于加强网络信息保护的决定》通过，明确“国家保护能够识别公民个人身份和涉及公民个人隐私的电子信息”。这是首次从法律层面确认个人信息保护的要求，同时也确定“合法、正当、必要”的原则，并一直在后续立法中得到延续和确认。2013 年，工业和信息化部出台《电信和互联网用户个人信息保护规定》，全面规定信息收集和使用规范、安全保障措施、监督检查等内容，其中将“用户个人信息”界定为“电信业务经营者和互联网信息服务提供者在提供服务的过程中收集的用户姓名、出生日期、身份证件号码、住址、电话号码、账号和密码等能够单独或者与其他信息结合识别用户的信息以及用户使用服务的时间、地点等信息”。这一定义以“识别说”为基础，从立法层面具体形成“个人信息”定义的雏形。后续颁布的《中华人民共和国网络安全法》（以下简称《网络安全法》）对“个人信息”的界定在很大程度上认可了这种定义方式。《全国人民代表大会常务委员会关于加强网络信息保护的决定》和《电信和互联网用户个人信息保护规定》的出台，为第一阶段个人信息保护工作提供了有力的依据，推动我国个人信息保护工作启动并进入法治轨道。

二是上升阶段。2016 年，全国人民代表大会常务委员会审议通过了《网络安全法》，标志着个人信息保护立法的上升阶段。其中，《网络安全法》在“网络信息安全”和“网络运行安全”章节对个人信息保护问题做出较全面的规定。《网络安全法》一方面是我国首次以最高位阶——以法律的形式规定了个人信息保护问题；另一方面也根据技术、应用发展的新情况进行了回应，对“告知—同意”的规则进行了固化和具体阐释，明确了删除权、更正权等个人信息权益，也规定了跨境数据流动问题。《网络安全法》自 2017 年 6 月 1 日实施之后，为大量个人信息保护执法工作提供了法律依据，有效形成对个人信息保护违法行为的法律威慑。

三是统一阶段。这一阶段也就是我们正在进行的个人信息保护统一立法的阶段。通过对个人信息保护的分散规定进行整合，对个人信息活动的规律进行抽象总结。这一阶段并非孤立存在的，而是建立在前两个阶段的基础之上，是对前两个阶段的继承和升华。

在第三阶段，我国着手制定了个人信息保护专门立法《中华人民共和国个人信息保护法》，于 2018 年 9 月被列入第十三届全国人民代表大会常务委员会立法规划，标志着我国个人信息保护法治建设进入新阶段，个人信息保护即将迎来系统的法律规定保护。2020 年 10 月 13 日，《中华人民共和国个人信息保护法（草案）》初次提请第十三届全国人民代表大会常务委员会审议；2021 年 8 月 20 日，第十三届全国人民代表大会常务委员会第三十次会议表决通过了《中华人民共和国个人信息保护法》，将于 2021 年 11 月 1 日起施行。《中华人民共和国个人信息保护法》个人信息保护法共 8 章 74 条，坚持和贯彻以人民为中心的法治理念，牢牢把握保护人民群众个人信息权益的立法定位，聚焦个人信息保护领域的突出问题和人民群众的重大关切。在《中华人民共和国网络安全法》等有关法律的基础上，《中华人民共和国个人信息保护法》进一步细化、完善个人信息保护应遵循的原则和个人信息处理规则，明确个人信息处理活动中的权利和义务边界，健全个人信息保护工作体制机制。

经过 3 个阶段，我国已初步形成个人信息保护的多元治理模式。基础法律规范、行业通用标准和相关技术指引在强化个人信息保护力度，完善细化保护规则，维护个人信息主体的权利方面发挥着各自的作用，能够有效应对App个人信息保护的相关问题。

App个人信息保护法律体系基本形成。中国已形成由法律、法规、规章以及规范性文件等共同组成的多层次、多领域、结构复杂的App个人信息保护法律体系。在法律层面，我国出台了个人信息保护专门立法《中华人民共和国个人信息保护法》，构建了适应我国个人信息保护需要的专门法律制度。《中华人民共和国网络安全法》在宏观上提供了个人信息保护的法律依据，《中华人民共和国数据安全法》规定了开展数据处理活动及其安全监管要求，还有《中华人民共和国民法典》《中华人民共和国刑法》《中华人民共和国消费者权益保护法》《全国人民代表大会常务委员会关于加强网络信息保护的决定》等立法都对个人信息保护做出了制度设计。在行政法规层面，国务院发布《征信业管理条例》等，关注从事征信业务及相关活动中的个人信息保护。在部门规章层面，《电信和互联网用户个人信息保护规定》侧重于规定电信业务经营者和互联网信息服务提供者在个人信息保护方面的职责；《儿童个人信息网络保护规定》主要聚焦于十四周岁以下未成年人的网络个人信息保护。这些法律法规有效支撑了我国现有个人信息保护监管工作。在司法解释层面，《最高人民法院关于审理利用信息网络侵害人身权益民事纠纷案件适用法律若干问题的规定》和《最高人民法院、最高人民检察院关于办理侵犯公民个人信息刑事案件适用法律若干问题的解释》分别在民事与刑事领域细化了侵犯个人信息的认定标准和法律责任。

App个人信息保护标准进一步充实、细化法律规定。个人信息保护国家标准对于个人信息保护工作具有基础性、规范性和引领性作用，是开展个人信息安全监管、指导网络运营者个人信息保护实践的技术基础和重要抓手。工业和信息化部发布的《信息安全技术公共及商用服务信息系统个人信息保护指南》是我国首个关于个人信息保护的国家标准，将个人信息分为个人一般信息和个人敏感信息，提出默许同意和明示同意的概念，并提出处理个人信息时应当遵循的八项基本原则。全国信息安全标准化技术委员会（SAC/TC260）为落实《中华人民共和国网络安全法》相关个人信息保护要求，于2017年发布了《信息安全技术　个人信息安全规范》（GB/T 35273—2017），规范了开展收集、保存、使用、共享、转让、公开披露等个人信息处理活动应遵循的原则和安全要求；于 2019 年发布《信息安全技术　个人信息去标识化指南》（GB/T 37964—2019），描述了个人信息去标识化的目标和原则，提出了去标识化过程和管理措施；于 2020 年发布《信息安全技术　个人信息安全影响评估指南》（GB/T 39335—2020），规定了个人信息安全影响评估的基本概念、框架、方法和流程。同时，SAC/TC260 还于 2019 年发布《信息安全技术　移动互联网应用程序（App）收集个人信息基本规范》和《信息安全技术　个人信息安全工程指南》的国家标准征求意见稿。此外，电信终端产业协会（Telecommunication Terminal Industry Forum Association，TAF）有针对性地制定了《App 用户权益保护测评规范》10 项标准；对于“最小必要”等收集使用用户个人信息原则，也制定了《App 收集使用个人信息最小必要评估规范》17 项系列标准，涉及图片、通讯录、设备信息、人脸、位置、录像、软件列表等信息收集使用规范。上述由 TAF 制定的 27 项 App 个人信息保护团体标准，为 App 侵害用户权益专项整治工作提供依据和支撑，为企业合规经营明确规范要求。

App 个人信息保护指南为标准提供支撑和技术指引。与具有规范性、权威性的个人信息保护标准不同，个人信息保护指南旨在围绕个人信息保护政策、标准、热点和事件等主题，提供标准化实践指引，具有指导和参考意义。例如，全国信息安全标准化技术委员会（SAC/TC260）为进一步推广个人信息保护安全标准，应对网络安全事件，开发了一系列技术文件“网络安全实践指南”，这些实践指南不属于国家标准，是支撑国家标准实施的技术指引。其中，《网络安全实践指南—欧盟 GDPR 关注点》建议相关组织重点关注适用 GDPR 的场景、适用的数据范围、数据处理的基本原则、数据处理的合法正当性事由、对儿童的特别保护规定、数据主体权力、对用户画像的规定、对数据处理者的规定等 14 个关注点；以及《网络安全标准实践指南—移动互联网应用程序（App）收集使用个人信息自评估指南》，针对 App 存在的超范围收集、强制索权、频繁索权、未同步告知收集目的等问题，基于对相关问题出现频率的统计，给出了当前 App 个人信息保护十大常见问题及典型问题情形，同时给出了问题相应的处置建议。

此外，公安部等为有效防范互联网侵犯公民个人信息违法行为发布《互联网个人信息安全保护指南》，旨在指导个人信息持有者建立健全公民个人信息安全保护管理制度和技术措施，有效防范侵犯公民个人信息违法行为，保障网络数据安全和公民合法权益。

个人信息保护相关法律法规

《全国人民代表大会常务委员会关于加强网络信息保护的决定》

（2012年12月28日第十一届全国人民代表大会常务委员会第三十次会议通过）

为了保护网络信息安全，保障公民、法人和其他组织的合法权益，维护国家安全和社会公共利益，特作如下决定。

一、国家保护能够识别公民个人身份和涉及公民个人隐私的电子信息。

任何组织和个人不得窃取或者以其他非法方式获取公民个人电子信息，不得出售或者非法向他人提供公民个人电子信息。

二、网络服务提供者和其他企业事业单位在业务活动中收集、使用公民个人电子信息，应当遵循合法、正当、必要的原则，明示收集、使用信息的目的、方式和范围，并经被收集者同意，不得违反法律、法规的规定和双方的约定收集、使用信息。

网络服务提供者和其他企业事业单位收集、使用公民个人电子信息，应当公开其收集、使用规则。

三、网络服务提供者和其他企业事业单位及其工作人员对在业务活动中收集的公民个人电子信息必须严格保密，不得泄露、篡改、毁损，不得出售或者非法向他人提供。

四、网络服务提供者和其他企业事业单位应当采取技术措施和其他必要措施，确保信息安全，防止在业务活动中收集的公民个人电子信息泄露、毁损、丢失。在发生或者可能发生信息泄露、毁损、丢失的情况时，应当立即采取补救措施。

五、网络服务提供者应当加强对其用户发布的信息的管理，发现法律、法规禁止发布或者传输的信息的，应当立即停止传输该信息，采取消除等处置措施，保存有关记录，并向有关主管部门报告。

六、网络服务提供者为用户办理网站接入服务，办理固定电话、移动电话等入网手续，或者为用户提供信息发布服务，应当在与用户签订协议或者确认提供服务时，要求用户提供真实身份信息。

七、任何组织和个人未经电子信息接收者同意或者请求，或者电子信息接收者明确表示拒绝的，不得向其固定电话、移动电话或者个人电子邮箱发送商业性电子信息。

八、公民发现泄露个人身份、散布个人隐私等侵害其合法权益的网络信息，或者受到商业性电子信息侵扰的，有权要求网络服务提供者删除有关信息或者采取其他必要措施予以制止。

九、任何组织和个人对窃取或者以其他非法方式获取、出售或者非法向他人提供公民个人电子信息的违法犯罪行为以及其他网络信息违法犯罪行为，有权向有关主管部门举报、控告；接到举报、控告的部门应当依法及时处理。被侵权人可以依法提起诉讼。

十、有关主管部门应当在各自职权范围内依法履行职责，采取技术措施和其他必要措施，防范、制止和查处窃取或者以其他非法方式获取、出售或者非法向他人提供公民个人电子信息的违法犯罪行为以及其他网络信息违法犯罪行为。有关主管部门依法履行职责时，网络服务提供者应当予以配合，提供技术支持。

国家机关及其工作人员对在履行职责中知悉的公民个人电子信息应当予以保

密，不得泄露、篡改、毁损，不得出售或者非法向他人提供。

十一、对有违反本决定行为的，依法给予警告、罚款、没收违法所得、吊销许可证或者取消备案、关闭网站、禁止有关责任人员从事网络服务业务等处罚，记入社会信用档案并予以公布；构成违反治安管理行为的，依法给予治安管理处罚。构成犯罪的，依法追究刑事责任。侵害他人民事权益的，依法承担民事责任。

《全国人民代表大会常务委员会关于维护互联网安全的决定》(摘编)

(2009年8月27日第十一届全国人民代表大会常务委员会第十次会议修正)

七、各级人民政府及有关部门要采取积极措施，在促进互联网的应用和网络技术的普及过程中，重视和支持对网络安全技术的研究和开发，增强网络的安全防护能力。有关主管部门要加强对互联网的运行安全和信息安全的宣传教育，依法实施有效的监督管理，防范和制止利用互联网进行的各种违法活动，为互联网的健康发展创造良好的社会环境。从事互联网业务的单位要依法开展活动，发现互联网上出现违法犯罪行为和有害信息时，要采取措施，停止传输有害信息，并及时向有关机关报告。任何单位和个人在利用互联网时，都要遵纪守法，抵制各种违法犯罪行为和有害信息。人民法院、人民检察院、公安机关、国家安全机关要各司其职，密切配合，依法严厉打击利用互联网实施的各种犯罪活动。要动员全社会的力量，依靠全社会的共同努力，保障互联网的运行安全与信息安全，促进社会主义精神文明和物质文明建设。

《中华人民共和国个人信息保护法》

（2021年8月20日第十三届全国人民代表大会常务委员会第三十次会议通过）

第一章　总则

第一条　为了保护个人信息权益，规范个人信息处理活动，促进个人信息合理利用，根据宪法，制定本法。

第二条　自然人的个人信息受法律保护，任何组织、个人不得侵害自然人的个人信息权益。

第三条　在中华人民共和国境内处理自然人个人信息的活动，适用本法。

在中华人民共和国境外处理中华人民共和国境内自然人个人信息的活动，有下列情形之一的，也适用本法：

（一）以向境内自然人提供产品或者服务为目的；

（二）分析、评估境内自然人的行为；

（三）法律、行政法规规定的其他情形。

第四条　个人信息是以电子或者其他方式记录的与已识别或者可识别的自然人有关的各种信息，不包括匿名化处理后的信息。

个人信息的处理包括个人信息的收集、存储、使用、加工、传输、提供、公开、删除等。

第五条　处理个人信息应当遵循合法、正当、必要和诚信原则，不得通过误导、欺诈、胁迫等方式处理个人信息。

第六条　处理个人信息应当具有明确、合理的目的，并应当与处理目的直接相关，采取对个人权益影响最小的方式。

收集个人信息，应当限于实现处理目的的最小范围，不得过度收集个人信息。

第七条 处理个人信息应当遵循公开、透明原则，公开个人信息处理规则，明示处理的目的、方式和范围。

第八条 处理个人信息应当保证个人信息的质量，避免因个人信息不准确、不完整对个人权益造成不利影响。

第九条 个人信息处理者应当对其个人信息处理活动负责，并采取必要措施保障所处理的个人信息的安全。

第十条 任何组织、个人不得非法收集、使用、加工、传输他人个人信息，不得非法买卖、提供或者公开他人个人信息；不得从事危害国家安全、公共利益的个人信息处理活动。

第十一条 国家建立健全个人信息保护制度，预防和惩治侵害个人信息权益的行为，加强个人信息保护宣传教育，推动形成政府、企业、相关社会组织、公众共同参与个人信息保护的良好环境。

第十二条 国家积极参与个人信息保护国际规则的制定，促进个人信息保护方面的国际交流与合作，推动与其他国家、地区、国际组织之间的个人信息保护规则、标准等互认。

第二章 个人信息处理规则

第一节 一般规定

第十三条 符合下列情形之一的，个人信息处理者方可处理个人信息：

（一）取得个人的同意；

（二）为订立、履行个人作为一方当事人的合同所必需，或者按照依法制定的劳动规章制度和依法签订的集体合同实施人力资源管理所必需；

（三）为履行法定职责或者法定义务所必需；

（四）为应对突发公共卫生事件，或者紧急情况下为保护自然人的生命健康和财产安全所必需；

（五）为公共利益实施新闻报道、舆论监督等行为，在合理的范围内处理个人信息；

（六）依照本法规定在合理的范围内处理个人自行公开或者其他已经合法公开的个人信息；

（七）法律、行政法规规定的其他情形。

依照本法其他有关规定，处理个人信息应当取得个人同意，但是有前款第二项至第七项规定情形的，不需取得个人同意。

第十四条 基于个人同意处理个人信息的，该同意应当由个人在充分知情的前提下自愿、明确作出。法律、行政法规规定处理个人信息应当取得个人单独同意或者书面同意的，从其规定。

个人信息的处理目的、处理方式和处理的个人信息种类发生变更的，应当重新取得个人同意。

第十五条 基于个人同意处理个人信息的，个人有权撤回其同意。个人信息处理者应当提供便捷的撤回同意的方式。

个人撤回同意，不影响撤回前基于个人同意已进行的个人信息处理活动的效力。

第十六条 个人信息处理者不得以个人不同意处理其个人信息或者撤回同意为由，拒绝提供产品或者服务；处理个人信息属于提供产品或者服务所必需的除外。

第十七条 个人信息处理者在处理个人信息前，应当以显著方式、清晰易懂的语言真实、准确、完整地向个人告知下列事项：

（一）个人信息处理者的名称或者姓名和联系方式；

（二）个人信息的处理目的、处理方式，处理的个人信息种类、保存期限；

（三）个人行使本法规定权利的方式和程序；

（四）法律、行政法规规定应当告知的其他事项。

前款规定事项发生变更的，应当将变更部分告知个人。

个人信息处理者通过制定个人信息处理规则的方式告知第一款规定事项的，处理规则应当公开，并且便于查阅和保存。

第十八条 个人信息处理者处理个人信息，有法律、行政法规规定应当保密或者不需要告知的情形的，可以不向个人告知前条第一款规定的事项。

紧急情况下为保护自然人的生命健康和财产安全无法及时向个人告知的，个人信息处理者应当在紧急情况消除后及时告知。

第十九条 除法律、行政法规另有规定外，个人信息的保存期限应当为实现处理目的所必要的最短时间。

第二十条 两个以上的个人信息处理者共同决定个人信息的处理目的和处理方式的，应当约定各自的权利和义务。但是，该约定不影响个人向其中任何一个个人信息处理者要求行使本法规定的权利。

个人信息处理者共同处理个人信息，侵害个人信息权益造成损害的，应当依法承担连带责任。

第二十一条 个人信息处理者委托处理个人信息的，应当与受托人约定委托处理的目的、期限、处理方式、个人信息的种类、保护措施以及双方的权利和义务等，并对受托人的个人信息处理活动进行监督。

受托人应当按照约定处理个人信息，不得超出约定的处理目的、处理方式等处理个人信息；委托合同不生效、无效、被撤销或者终止的，受托人应当将个人信息返还个人信息处理者或者予以删除，不得保留。

未经个人信息处理者同意，受托人不得转委托他人处理个人信息。

第二十二条 个人信息处理者因合并、分立、解散、被宣告破产等原因需要转移个人信息的，应当向个人告知接收方的名称或者姓名和联系方式。接收方应当继续履行个人信息处理者的义务。接收方变更原先的处理目的、处理方式的，应当依照本法规定重新取得个人同意。

第二十三条 个人信息处理者向其他个人信息处理者提供其处理的个人信息的，应当向个人告知接收方的名称或者姓名、联系方式、处理目的、处理方式和个人信息的种类，并取得个人的单独同意。接收方应当在上述处理目的、处理方式和个人信息的种类等范围内处理个人信息。接收方变更原先的处理目的、处理方式的，应当依照本法规定重新取得个人同意。

第二十四条 个人信息处理者利用个人信息进行自动化决策，应当保证决策的透明度和结果公平、公正，不得对个人在交易价格等交易条件上实行不合理的差别待遇。

通过自动化决策方式向个人进行信息推送、商业营销，应当同时提供不针对其个人特征的选项，或者向个人提供便捷的拒绝方式。

通过自动化决策方式作出对个人权益有重大影响的决定，个人有权要求个人信息处理者予以说明，并有权拒绝个人信息处理者仅通过自动化决策的方式作出决定。

第二十五条 个人信息处理者不得公开其处理的个人信息，取得个人单独同意的除外。

第二十六条 在公共场所安装图像采集、个人身份识别设备，应当为维护公共安全所必需，遵守国家有关规定，并设置显著的提示标识。所收集的个人图像、身份识别信息只能用于维护公共安全的目的，不得用于其他目的；取得个人单独同意的除外。

第二十七条 个人信息处理者可以在合理的范围内处理个人自行公开或者其他已经合法公开的个人信息；个人明确拒绝的除外。个人信息处理者处理已公开的个人信息，对个人权益有重大影响的，应当依照本法规定取得个人同意。

第二节 敏感个人信息的处理规则

第二十八条 敏感个人信息是一旦泄露或者非法使用，容易导致自然人的人格尊严受到侵害或者人身、财产安全受到危害的个人信息，包括生物识别、宗教信仰、特定身份、医疗健康、金融账户、行踪轨迹等信息，以及不满十四周岁未成年人的个人信息。

只有在具有特定的目的和充分的必要性，并采取严格保护措施的情形下，个人信息处理者方可处理敏感个人信息。

第二十九条 处理敏感个人信息应当取得个人的单独同意；法律、行政法规规定处理敏感个人信息应当取得书面同意的，从其规定。

第三十条 个人信息处理者处理敏感个人信息的，除本法第十七条第一款规定的事项外，还应当向个人告知处理敏感个人信息的必要性以及对个人权益的影响；依照本法规定可以不向个人告知的除外。

第三十一条 个人信息处理者处理不满十四周岁未成年人个人信息的，应当取得未成年人的父母或者其他监护人的同意。

个人信息处理者处理不满十四周岁未成年人个人信息的，应当制定专门的个人信息处理规则。

第三十二条 法律、行政法规对处理敏感个人信息规定应当取得相关行政许可或者作出其他限制的，从其规定。

第三节 国家机关处理个人信息的特别规定

第三十三条 国家机关处理个人信息的活动，适用本法；本节有特别规定的，适用本节规定。

第三十四条 国家机关为履行法定职责处理个人信息，应当依照法律、行政法规规定的权限、程序进行，不得超出履行法定职责所必需的范围和限度。

第三十五条 国家机关为履行法定职责处理个人信息，应当依照本法规定履行告知义务；有本法第十八条第一款规定的情形，或者告知将妨碍国家机关履行法定职责的除外。

第三十六条 国家机关处理的个人信息应当在中华人民共和国境内存储；确需向境外提供的，应当进行安全评估。安全评估可以要求有关部门提供支持与协助。

第三十七条 法律、法规授权的具有管理公共事务职能的组织为履行法定职责处理个人信息，适用本法关于国家机关处理个人信息的规定。

第三章 个人信息跨境提供的规则

第三十八条 个人信息处理者因业务等需要，确需向中华人民共和国境外提供个人信息的，应当具备下列条件之一：

（一）依照本法第四十条的规定通过国家网信部门组织的安全评估；

（二）按照国家网信部门的规定经专业机构进行个人信息保护认证；

（三）按照国家网信部门制定的标准合同与境外接收方订立合同，约定双方的权利和义务；

（四）法律、行政法规或者国家网信部门规定的其他条件。

中华人民共和国缔结或者参加的国际条约、协定对向中华人民共和国境外提供个人信息的条件等有规定的，可以按照其规定执行。

个人信息处理者应当采取必要措施，保障境外接收方处理个人信息的活动达到本法规定的个人信息保护标准。

第三十九条 个人信息处理者向中华人民共和国境外提供个人信息的，应当向个人告知境外接收方的名称或者姓名、联系方式、处理目的、处理方式、个人信息的种类以及个人向境外接收方行使本法规定权利的方式和程序等事项，并取得个人的单独同意。

第四十条 关键信息基础设施运营者和处理个人信息达到国家网信部门规定数量的个人信息处理者，应当将在中华人民共和国境内收集和产生的个人信息存储在境内。确需向境外提供的，应当通过国家网信部门组织的安全评估；法律、行政法规和国家网信部门规定可以不进行安全评估的，从其规定。

第四十一条 中华人民共和国主管机关根据有关法律和中华人民共和国缔结或者参加的国际条约、协定，或者按照平等互惠原则，处理外国司法或者执法机构关于提供存储于境内个人信息的请求。非经中华人民共和国主管机关批准，个人信息处理者不得向外国司法或者执法机构提供存储于中华人民共和国境内的个人信息。

第四十二条 境外的组织、个人从事侵害中华人民共和国公民的个人信息权益，或者危害中华人民共和国国家安全、公共利益的个人信息处理活动的，国家网信部门可以将其列入限制或者禁止个人信息提供清单，予以公告，并采取限制或者禁止向其提供个人信息等措施。

第四十三条 任何国家或者地区在个人信息保护方面对中华人民共和国采取歧视性的禁止、限制或者其他类似措施的，中华人民共和国可以根据实际情况对该国家或者地区对等采取措施。

第四章 个人在个人信息处理活动中的权利

第四十四条 个人对其个人信息的处理享有知情权、决定权，有权限制或者拒绝他人对其个人信息进行处理；法律、行政法规另有规定的除外。

第四十五条 个人有权向个人信息处理者查阅、复制其个人信息；有本法第十八条第一款、第三十五条规定情形的除外。

个人请求查阅、复制其个人信息的，个人信息处理者应当及时提供。

个人请求将个人信息转移至其指定的个人信息处理者，符合国家网信部门规定条件的，个人信息处理者应当提供转移的途径。

第四十六条 个人发现其个人信息不准确或者不完整的，有权请求个人信息处理者更正、补充。

个人请求更正、补充其个人信息的，个人信息处理者应当对其个人信息予以核实，并及时更正、补充。

第四十七条 有下列情形之一的，个人信息处理者应当主动删除个人信息；个人信息处理者未删除的，个人有权请求删除：

（一）处理目的已实现、无法实现或者为实现处理目的不再必要；

（二）个人信息处理者停止提供产品或者服务，或者保存期限已届满；

（三）个人撤回同意；

（四）个人信息处理者违反法律、行政法规或者违反约定处理个人信息；

（五）法律、行政法规规定的其他情形。

法律、行政法规规定的保存期限未届满，或者删除个人信息从技术上难以实现的，个人信息处理者应当停止除存储和采取必要的安全保护措施之外的处理。

第四十八条 个人有权要求个人信息处理者对其个人信息处理规则进行解释说明。

第四十九条 自然人死亡的，其近亲属为了自身的合法、正当利益，可以对死者的相关个人信息行使本章规定的查阅、复制、更正、删除等权利；死者生前另有安排的除外。

第五十条 个人信息处理者应当建立便捷的个人行使权利的申请受理和处理机制。拒绝个人行使权利的请求的，应当说明理由。

个人信息处理者拒绝个人行使权利的请求的，个人可以依法向人民法院提起诉讼。

第五章 个人信息处理者的义务

第五十一条 个人信息处理者应当根据个人信息的处理目的、处理方式、个人信息的种类以及对个人权益的影响、可能存在的安全风险等，采取下列措施确保个人信息处理活动符合法律、行政法规的规定，并防止未经授权的访问以及个人信息泄露、篡改、丢失：

（一）制定内部管理制度和操作规程；

（二）对个人信息实行分类管理；

（三）采取相应的加密、去标识化等安全技术措施；

（四）合理确定个人信息处理的操作权限，并定期对从业人员进行安全教育和培训；

（五）制定并组织实施个人信息安全事件应急预案；

（六）法律、行政法规规定的其他措施。

第五十二条　处理个人信息达到国家网信部门规定数量的个人信息处理者应当指定个人信息保护负责人，负责对个人信息处理活动以及采取的保护措施等进行监督。

个人信息处理者应当公开个人信息保护负责人的联系方式，并将个人信息保护负责人的姓名、联系方式等报送履行个人信息保护职责的部门。

第五十三条　本法第三条第二款规定的中华人民共和国境外的个人信息处理者，应当在中华人民共和国境内设立专门机构或者指定代表，负责处理个人信息保护相关事务，并将有关机构的名称或者代表的姓名、联系方式等报送履行个人信息保护职责的部门。

第五十四条　个人信息处理者应当定期对其处理个人信息遵守法律、行政法规的情况进行合规审计。

第五十五条　有下列情形之一的，个人信息处理者应当事前进行个人信息保护影响评估，并对处理情况进行记录：

（一）处理敏感个人信息；

（二）利用个人信息进行自动化决策；

（三）委托处理个人信息、向其他个人信息处理者提供个人信息、公开个人信息；

（四）向境外提供个人信息；

（五）其他对个人权益有重大影响的个人信息处理活动。

第五十六条 个人信息保护影响评估应当包括下列内容：

（一）个人信息的处理目的、处理方式等是否合法、正当、必要；

（二）对个人权益的影响及安全风险；

（三）所采取的保护措施是否合法、有效并与风险程度相适应。

个人信息保护影响评估报告和处理情况记录应当至少保存三年。

第五十七条 发生或者可能发生个人信息泄露、篡改、丢失的，个人信息处理者应当立即采取补救措施，并通知履行个人信息保护职责的部门和个人。通知应当包括下列事项：

（一）发生或者可能发生个人信息泄露、篡改、丢失的信息种类、原因和可能造成的危害；

（二）个人信息处理者采取的补救措施和个人可以采取的减轻危害的措施；

（三）个人信息处理者的联系方式。

个人信息处理者采取措施能够有效避免信息泄露、篡改、丢失造成危害的，个人信息处理者可以不通知个人；履行个人信息保护职责的部门认为可能造成危害的，有权要求个人信息处理者通知个人。

第五十八条 提供重要互联网平台服务、用户数量巨大、业务类型复杂的个人信息处理者，应当履行下列义务：

（一）按照国家规定建立健全个人信息保护合规制度体系，成立主要由外部成员组成的独立机构对个人信息保护情况进行监督；

（二）遵循公开、公平、公正的原则，制定平台规则，明确平台内产品或者服务提供者处理个人信息的规范和保护个人信息的义务；

（三）对严重违反法律、行政法规处理个人信息的平台内的产品或者服务提供者，停止提供服务；

（四）定期发布个人信息保护社会责任报告，接受社会监督。

第五十九条 接受委托处理个人信息的受托人，应当依照本法和有关法律、行政法规的规定，采取必要措施保障所处理的个人信息的安全，并协助个人信息处理者履行本法规定的义务。

第六章　履行个人信息保护职责的部门

第六十条　国家网信部门负责统筹协调个人信息保护工作和相关监督管理工作。国务院有关部门依照本法和有关法律、行政法规的规定，在各自职责范围内负责个人信息保护和监督管理工作。

县级以上地方人民政府有关部门的个人信息保护和监督管理职责，按照国家有关规定确定。

前两款规定的部门统称为履行个人信息保护职责的部门。

第六十一条　履行个人信息保护职责的部门履行下列个人信息保护职责：

（一）开展个人信息保护宣传教育，指导、监督个人信息处理者开展个人信息保护工作；

（二）接受、处理与个人信息保护有关的投诉、举报；

（三）组织对应用程序等个人信息保护情况进行测评，并公布测评结果；

（四）调查、处理违法个人信息处理活动；

（五）法律、行政法规规定的其他职责。

第六十二条　国家网信部门统筹协调有关部门依据本法推进下列个人信息保护工作：

（一）制定个人信息保护具体规则、标准；

（二）针对小型个人信息处理者、处理敏感个人信息以及人脸识别、人工智能等新技术、新应用，制定专门的个人信息保护规则、标准；

（三）支持研究开发和推广应用安全、方便的电子身份认证技术，推进网络身份认证公共服务建设；

（四）推进个人信息保护社会化服务体系建设，支持有关机构开展个人信息保护评估、认证服务；

（五）完善个人信息保护投诉、举报工作机制。

第六十三条　履行个人信息保护职责的部门履行个人信息保护职责，可以采取下列措施：

（一）询问有关当事人，调查与个人信息处理活动有关的情况；

（二）查阅、复制当事人与个人信息处理活动有关的合同、记录、账簿以及其他有关资料；

（三）实施现场检查，对涉嫌违法的个人信息处理活动进行调查；

（四）检查与个人信息处理活动有关的设备、物品；对有证据证明是用于违法个人信息处理活动的设备、物品，向本部门主要负责人书面报告并经批准，可以查封或者扣押。

履行个人信息保护职责的部门依法履行职责，当事人应当予以协助、配合，不得拒绝、阻挠。

第六十四条 履行个人信息保护职责的部门在履行职责中，发现个人信息处理活动存在较大风险或者发生个人信息安全事件的，可以按照规定的权限和程序对该个人信息处理者的法定代表人或者主要负责人进行约谈，或者要求个人信息处理者委托专业机构对其个人信息处理活动进行合规审计。个人信息处理者应当按照要求采取措施，进行整改，消除隐患。

履行个人信息保护职责的部门在履行职责中，发现违法处理个人信息涉嫌犯罪的，应当及时移送公安机关依法处理。

第六十五条 任何组织、个人有权对违法个人信息处理活动向履行个人信息保护职责的部门进行投诉、举报。收到投诉、举报的部门应当依法及时处理，并将处理结果告知投诉、举报人。

履行个人信息保护职责的部门应当公布接受投诉、举报的联系方式。

第七章　法律责任

第六十六条 违反本法规定处理个人信息，或者处理个人信息未履行本法规定的个人信息保护义务的，由履行个人信息保护职责的部门责令改正，给予警告，没收违法所得，对违法处理个人信息的应用程序，责令暂停或者终止提供服务；拒不改正的，并处一百万元以下罚款；对直接负责的主管人员和其他直接责任人员处一万元以上十万元以下罚款。

有前款规定的违法行为，情节严重的，由省级以上履行个人信息保护职责的部门责令改正，没收违法所得，并处五千万元以下或者上一年度营业额百分之五以下罚款，并可以责令暂停相关业务或者停业整顿、通报有关主管部门吊销相关业务许可或者吊销营业执照；对直接负责的主管人员和其他直接责任人员处十万元以上一百万元以下罚款，并可以决定禁止其在一定期限内担任相关企业的董事、监事、高级管理人员和个人信息保护负责人。

第六十七条 有本法规定的违法行为的，依照有关法律、行政法规的规定记入信用档案，并予以公示。

第六十八条 国家机关不履行本法规定的个人信息保护义务的，由其上级机关或者履行个人信息保护职责的部门责令改正；对直接负责的主管人员和其他直接责任人员依法给予处分。

履行个人信息保护职责的部门的工作人员玩忽职守、滥用职权、徇私舞弊，尚不构成犯罪的，依法给予处分。

第六十九条 处理个人信息侵害个人信息权益造成损害，个人信息处理者不能证明自己没有过错的，应当承担损害赔偿等侵权责任。

前款规定的损害赔偿责任按照个人因此受到的损失或者个人信息处理者因此获得的利益确定；个人因此受到的损失和个人信息处理者因此获得的利益难以确定的，根据实际情况确定赔偿数额。

第七十条 个人信息处理者违反本法规定处理个人信息，侵害众多个人的权益的，人民检察院、法律规定的消费者组织和由国家网信部门确定的组织可以依法向人民法院提起诉讼。

第七十一条 违反本法规定，构成违反治安管理行为的，依法给予治安管理处罚；构成犯罪的，依法追究刑事责任。

第八章 附则

第七十二条 自然人因个人或者家庭事务处理个人信息的，不适用本法。

法律对各级人民政府及其有关部门组织实施的统计、档案管理活动中的个人信息处理有规定的，适用其规定。

第七十三条 本法下列用语的含义：

（一）个人信息处理者，是指在个人信息处理活动中自主决定处理目的、处理方式的组织、个人。

（二）自动化决策，是指通过计算机程序自动分析、评估个人的行为习惯、兴趣爱好或者经济、健康、信用状况等，并进行决策的活动。

（三）去标识化，是指个人信息经过处理，使其在不借助额外信息的情况下无法识别特定自然人的过程。

（四）匿名化，是指个人信息经过处理无法识别特定自然人且不能复原的过程。

第七十四条 本法自 2021 年 11 月 1 日起施行。

《中华人民共和国网络安全法》（摘编）

（2016年11月7日第十二届全国人民代表大会常务委员会第二十四次会议通过）

第二十二条 网络产品、服务应当符合相关国家标准的强制性要求。网络产品、服务的提供者不得设置恶意程序；发现其网络产品、服务存在安全缺陷、漏洞等风险时，应当立即采取补救措施，按照规定及时告知用户并向有关主管部门报告。

网络产品、服务的提供者应当为其产品、服务持续提供安全维护；在规定或者当事人约定的期限内，不得终止提供安全维护。

网络产品、服务具有收集用户信息功能的，其提供者应当向用户明示并取得同意；涉及用户个人信息的，还应当遵守本法和有关法律、行政法规关于个人信息保护的规定。

第三十七条 关键信息基础设施的运营者在中华人民共和国境内运营中收集和产生的个人信息和重要数据应当在境内存储。因业务需要，确需向境外提供的，应当按照国家网信部门会同国务院有关部门制定的办法进行安全评估；法律、行政法规另有规定的，依照其规定。

第四十一条 网络运营者收集、使用个人信息，应当遵循合法、正当、必要的原则，公开收集、使用规则，明示收集、使用信息的目的、方式和范围，并经被收集者同意。

网络运营者不得收集与其提供的服务无关的个人信息，不得违反法律、行政法规的规定和双方的约定收集、使用个人信息，并应当依照法律、行政法规的规定和与用户的约定，处理其保存的个人信息。

第四十二条 网络运营者不得泄露、篡改、毁损其收集的个人信息；未经被收集者同意，不得向他人提供个人信息。但是，经过处理无法识别特定个人且不能复原的除外。

网络运营者应当采取技术措施和其他必要措施，确保其收集的个人信息安全，防止信息泄露、毁损、丢失。在发生或者可能发生个人信息泄露、毁损、丢失的情况时，应当立即采取补救措施，按照规定及时告知用户并向有关主管部门报告。

第四十三条 个人发现网络运营者违反法律、行政法规的规定或者双方的约定收集、使用其个人信息的，有权要求网络运营者删除其个人信息；发现网络运营者收集、存储的其个人信息有错误的，有权要求网络运营者予以更正。网络运营者应当采取措施予以删除或者更正。

第四十四条 任何个人和组织不得窃取或者以其他非法方式获取个人信息，不得非法出售或者非法向他人提供个人信息。

第四十五条 依法负有网络安全监督管理职责的部门及其工作人员，必须对在履行职责中知悉的个人信息、隐私和商业秘密严格保密，不得泄露、出售或者非法向他人提供。

第四十六条 任何个人和组织应当对其使用网络的行为负责，不得设立用于实施诈骗，传授犯罪方法，制作或者销售违禁物品、管制物品等违法犯罪活动的网站、通讯群组，不得利用网络发布涉及实施诈骗，制作或者销售违禁物品、管制物品以及其他违法犯罪活动的信息。

第四十七条 网络运营者应当加强对其用户发布的信息的管理，发现法律、行政法规禁止发布或者传输的信息的，应当立即停止传输该信息，采取消除等处置措施，防止信息扩散，保存有关记录，并向有关主管部门报告。

第四十八条 任何个人和组织发送的电子信息、提供的应用软件，不得设置恶意程序，不得含有法律、行政法规禁止发布或者传输的信息。

电子信息发送服务提供者和应用软件下载服务提供者，应当履行安全管理义务，知道其用户有前款规定行为的，应当停止提供服务，采取消除等处置措施，保存有关记录，并向有关主管部门报告。

第四十九条 网络运营者应当建立网络信息安全投诉、举报制度，公布投诉、举报方式等信息，及时受理并处理有关网络信息安全的投诉和举报。

网络运营者对网信部门和有关部门依法实施的监督检查，应当予以配合。

第五十条 国家网信部门和有关部门依法履行网络信息安全监督管理职责，发现法律、行政法规禁止发布或者传输的信息的，应当要求网络运营者停止传输，采取消除等处置措施，保存有关记录；对来源于中华人民共和国境外的上述信息，应当通知有关机构采取技术措施和其他必要措施阻断传播。

第六十四条 网络运营者、网络产品或者服务的提供者违反本法第二十二条第二款、第四十一条至第四十三条规定，侵害个人信息依法得到保护的权利的，由有关主管部门责令改正，可以根据情节单处或者并处警告、没收违法所得、处违法所得一倍以上十倍以下罚款，没有违法所得的，处一百万元以下罚款，对直接负责的主管人员和其他直接责任人员处一万元以上十万元以下罚款；情节严重的，并可以责令暂停相关业务、停业整顿、关闭网站、吊销相关业务许可证或者吊销营业执照。

违反本法第四十四条规定，窃取或者以其他非法方式获取、非法出售或者非法向他人提供个人信息，尚不构成犯罪的，由公安机关没收违法所得，并处违法所得一倍以上十倍以下罚款，没有违法所得的，处一百万元以下罚款。

第七十六条 本法下列用语的含义。

（一）网络，是指由计算机或者其他信息终端及相关设备组成的按照一定的规则和程序对信息进行收集、存储、传输、交换、处理的系统。

（二）网络安全，是指通过采取必要措施，防范对网络的攻击、侵入、干扰、破坏和非法使用以及意外事故，使网络处于稳定可靠运行的状态，以及保障网络数据的完整性、保密性、可用性的能力。

（三）网络运营者，是指网络的所有者、管理者和网络服务提供者。

（四）网络数据，是指通过网络收集、存储、传输、处理和产生的各种电子数据。

（五）个人信息，是指以电子或者其他方式记录的能够单独或者与其他信息结合识别自然人个人身份的各种信息，包括但不限于自然人的姓名、出生日期、身份证件号码、个人生物识别信息、住址、电话号码等。

《中华人民共和国数据安全法》

（2021年6月10日第十三届全国人民代表大会常务委员会第二十九次会议通过）

第一章　总则

第一条　为了规范数据处理活动，保障数据安全，促进数据开发利用，保护个人、组织的合法权益，维护国家主权、安全和发展利益，制定本法。

第二条　在中华人民共和国境内开展数据处理活动及其安全监管，适用本法。

在中华人民共和国境外开展数据处理活动，损害中华人民共和国国家安全、公共利益或者公民、组织合法权益的，依法追究法律责任。

第三条　本法所称数据，是指任何以电子或者其他方式对信息的记录。

数据处理，包括数据的收集、存储、使用、加工、传输、提供、公开等。

数据安全，是指通过采取必要措施，确保数据处于有效保护和合法利用的状态，以及具备保障持续安全状态的能力。

第四条　维护数据安全，应当坚持总体国家安全观，建立健全数据安全治理体系，提高数据安全保障能力。

第五条　中央国家安全领导机构负责国家数据安全工作的决策和议事协调，研究制定、指导实施国家数据安全战略和有关重大方针政策，统筹协调国家数据安全的重大事项和重要工作，建立国家数据安全工作协调机制。

第六条　各地区、各部门对本地区、本部门工作中收集和产生的数据及数据安全负责。

工业、电信、交通、金融、自然资源、卫生健康、教育、科技等主管部门承担本行业、本领域数据安全监管职责。

公安机关、国家安全机关等依照本法和有关法律、行政法规的规定，在各自职责范围内承担数据安全监管职责。

国家网信部门依照本法和有关法律、行政法规的规定，负责统筹协调网络数据安全和相关监管工作。

第七条 国家保护个人、组织与数据有关的权益，鼓励数据依法合理有效利用，保障数据依法有序自由流动，促进以数据为关键要素的数字经济发展。

第八条 开展数据处理活动，应当遵守法律、法规，尊重社会公德和伦理，遵守商业道德和职业道德，诚实守信，履行数据安全保护义务，承担社会责任，不得危害国家安全、公共利益，不得损害个人、组织的合法权益。

第九条 国家支持开展数据安全知识宣传普及，提高全社会的数据安全保护意识和水平，推动有关部门、行业组织、科研机构、企业、个人等共同参与数据安全保护工作，形成全社会共同维护数据安全和促进发展的良好环境。

第十条 相关行业组织按照章程，依法制定数据安全行为规范和团体标准，加强行业自律，指导会员加强数据安全保护，提高数据安全保护水平，促进行业健康发展。

第十一条 国家积极开展数据安全治理、数据开发利用等领域的国际交流与合作，参与数据安全相关国际规则和标准的制定，促进数据跨境安全、自由流动。

第十二条 任何个人、组织都有权对违反本法规定的行为向有关主管部门投诉、举报。收到投诉、举报的部门应当及时依法处理。

有关主管部门应当对投诉、举报人的相关信息予以保密，保护投诉、举报人的合法权益。

第二章 数据安全与发展

第十三条 国家统筹发展和安全，坚持以数据开发利用和产业发展促进数据安全，以数据安全保障数据开发利用和产业发展。

第十四条 国家实施大数据战略，推进数据基础设施建设，鼓励和支持数据在各行业、各领域的创新应用。

省级以上人民政府应当将数字经济发展纳入本级国民经济和社会发展规划，并根据需要制定数字经济发展规划。

第十五条 国家支持开发利用数据提升公共服务的智能化水平。提供智能化公共服务，应当充分考虑老年人、残疾人的需求，避免对老年人、残疾人的日常生活造成障碍。

第十六条 国家支持数据开发利用和数据安全技术研究，鼓励数据开发利用和数据安全等领域的技术推广和商业创新，培育、发展数据开发利用和数据安全产品、产业体系。

第十七条 国家推进数据开发利用技术和数据安全标准体系建设。国务院标准化行政主管部门和国务院有关部门根据各自的职责，组织制定并适时修订有关数据开发利用技术、产品和数据安全相关标准。国家支持企业、社会团体和教育、科研机构等参与标准制定。

第十八条 国家促进数据安全检测评估、认证等服务的发展，支持数据安全检测评估、认证等专业机构依法开展服务活动。

国家支持有关部门、行业组织、企业、教育和科研机构、有关专业机构等在数据安全风险评估、防范、处置等方面开展协作。

第十九条 国家建立健全数据交易管理制度，规范数据交易行为，培育数据交易市场。

第二十条 国家支持教育、科研机构和企业等开展数据开发利用技术和数据安全相关教育和培训，采取多种方式培养数据开发利用技术和数据安全专业人才，促进人才交流。

第三章　数据安全制度

第二十一条 国家建立数据分类分级保护制度，根据数据在经济社会发展中的重要程度，以及一旦遭到篡改、破坏、泄露或者非法获取、非法利用，对国家安全、公共利益或者个人、组织合法权益造成的危害程度，对数据实行分类分级保护。国家数据安全工作协调机制统筹协调有关部门制定重要数据目录，加强对重要数据的保护。

关系国家安全、国民经济命脉、重要民生、重大公共利益等数据属于国家核心数据，实行更加严格的管理制度。

各地区、各部门应当按照数据分类分级保护制度，确定本地区、本部门以及相关行业、领域的重要数据具体目录，对列入目录的数据进行重点保护。

第二十二条 国家建立集中统一、高效权威的数据安全风险评估、报告、信息共享、监测预警机制。国家数据安全工作协调机制统筹协调有关部门加强数据安全风险信息的获取、分析、研判、预警工作。

第二十三条 国家建立数据安全应急处置机制。发生数据安全事件，有关主管部门应当依法启动应急预案，采取相应的应急处置措施，防止危害扩大，消除安全隐患，并及时向社会发布与公众有关的警示信息。

第二十四条 国家建立数据安全审查制度，对影响或者可能影响国家安全的数据处理活动进行国家安全审查。

依法做出的安全审查决定为最终决定。

第二十五条 国家对与维护国家安全和利益、履行国际义务相关的属于管制物项的数据依法实施出口管制。

第二十六条 任何国家或者地区在与数据和数据开发利用技术等有关的投资、贸易等方面对中华人民共和国采取歧视性的禁止、限制或者其他类似措施的，中华人民共和国可以根据实际情况对该国家或者地区对等采取措施。

第四章 数据安全保护义务

第二十七条 开展数据处理活动应当依照法律、法规的规定，建立健全全流程数据安全管理制度，组织开展数据安全教育培训，采取相应的技术措施和其他必要措施，保障数据安全。利用互联网等信息网络开展数据处理活动，应当在网络安全等级保护制度的基础上，履行上述数据安全保护义务。

重要数据的处理者应当明确数据安全负责人和管理机构，落实数据安全保护责任。

第二十八条 开展数据处理活动以及研究开发数据新技术，应当有利于促进经济社会发展，增进人民福祉，符合社会公德和伦理。

第二十九条 开展数据处理活动应当加强风险监测，发现数据安全缺陷、漏洞等风险时，应当立即采取补救措施；发生数据安全事件时，应当立即采取处置措施，按照规定及时告知用户并向有关主管部门报告。

第三十条 重要数据的处理者应当按照规定对其数据处理活动定期开展风险

评估，并向有关主管部门报送风险评估报告。

风险评估报告应当包括处理的重要数据的种类、数量，开展数据处理活动的情况，面临的数据安全风险及其应对措施等。

第三十一条 关键信息基础设施的运营者在中华人民共和国境内运营中收集和产生的重要数据的出境安全管理，适用《中华人民共和国网络安全法》的规定；其他数据处理者在中华人民共和国境内运营中收集和产生的重要数据的出境安全管理办法，由国家网信部门会同国务院有关部门制定。

第三十二条 任何组织、个人收集数据，应当采取合法、正当的方式，不得窃取或者以其他非法方式获取数据。

法律、行政法规对收集、使用数据的目的、范围有规定的，应当在法律、行政法规规定的目的和范围内收集、使用数据。

第三十三条 从事数据交易中介服务的机构提供服务，应当要求数据提供方说明数据来源，审核交易双方的身份，并留存审核、交易记录。

第三十四条 法律、行政法规规定提供数据处理相关服务应当取得行政许可的，服务提供者应当依法取得许可。

第三十五条 公安机关、国家安全机关因依法维护国家安全或者侦查犯罪的需要调取数据，应当按照国家有关规定，经过严格的批准手续，依法进行，有关组织、个人应当予以配合。

第三十六条 中华人民共和国主管机关根据有关法律和中华人民共和国缔结或者参加的国际条约、协定，或者按照平等互惠原则，处理外国司法或者执法机构关于提供数据的请求。非经中华人民共和国主管机关批准，境内的组织、个人不得向外国司法或者执法机构提供存储于中华人民共和国境内的数据。

第五章 政务数据安全与开放

第三十七条 国家大力推进电子政务建设，提高政务数据的科学性、准确性、时效性，提升运用数据服务经济社会发展的能力。

第三十八条 国家机关为履行法定职责的需要收集、使用数据，应当在其履行法定职责的范围内依照法律、行政法规规定的条件和程序进行；对在履行职责中知悉的个人隐私、个人信息、商业秘密、保密商务信息等数据应当依法予以保密，不得泄露或者非法向他人提供。

第三十九条 国家机关应当依照法律、行政法规的规定，建立健全数据安全管理制度，落实数据安全保护责任，保障政务数据安全。

第四十条 国家机关委托他人建设、维护电子政务系统，存储、加工政务数据，应当经过严格的批准程序，并应当监督受托方履行相应的数据安全保护义务。受托方应当依照法律、法规的规定和合同约定履行数据安全保护义务，不得擅自留存、使用、泄露或者向他人提供政务数据。

第四十一条 国家机关应当遵循公正、公平、便民的原则，按照规定及时、准确地公开政务数据。依法不予公开的除外。

第四十二条 国家制定政务数据开放目录，构建统一规范、互联互通、安全可控的政务数据开放平台，推动政务数据开放利用。

第四十三条 法律、法规授权的具有管理公共事务职能的组织为履行法定职责开展数据处理活动，适用本章规定。

第六章 法律责任

第四十四条 有关主管部门在履行数据安全监管职责中，发现数据处理活动存在较大安全风险的，可以按照规定的权限和程序对有关组织、个人进行约谈，并要求有关组织、个人采取措施进行整改，消除隐患。

第四十五条 开展数据处理活动的组织、个人不履行本法第二十七条、第二十九条、第三十条规定的数据安全保护义务的，由有关主管部门责令改正，给予警告，可以并处五万元以上五十万元以下罚款，对直接负责的主管人员和其他直接责任人员可以处一万元以上十万元以下罚款；拒不改正或者造成大量数据泄露等严重后果的，处五十万元以上二百万元以下罚款，并可以责令暂停相关业务、停业整顿、吊销相关业务许可证或者吊销营业执照，对直接负责的主管人员和其他直接责任人员处五万元以上二十万元以下罚款。

违反国家核心数据管理制度，危害国家主权、安全和发展利益的，由有关主管部门处二百万元以上一千万元以下罚款，并根据情况责令暂停相关业务、停业整顿、吊销相关业务许可证或者吊销营业执照；构成犯罪的，依法追究刑事责任。

第四十六条 违反本法第三十一条规定，向境外提供重要数据的，由有关主管部门责令改正，给予警告，可以并处十万元以上一百万元以下罚款，对直接负责的主管人员和其他直接责任人员可以处一万元以上十万元以下罚款；情节严重的，处一百万元以上一千万元以下罚款，并可以责令暂停相关业务、停业整顿、吊销相关业务许可证或者吊销营业执照，对直接负责的主管人员和其他直接责任人员处十万元以上一百万元以下罚款。

第四十七条 从事数据交易中介服务的机构未履行本法第三十三条规定的义务的，由有关主管部门责令改正，没收违法所得，处违法所得一倍以上十倍以下罚款，没有违法所得或者违法所得不足十万元的，处十万元以上一百万元以下罚款，并可以责令暂停相关业务、停业整顿、吊销相关业务许可证或者吊销营业执照；对直接负责的主管人员和其他直接责任人员处一万元以上十万元以下罚款。

第四十八条 违反本法第三十五条规定，拒不配合数据调取的，由有关主管部门责令改正，给予警告，并处五万元以上五十万元以下罚款，对直接负责的主管人员和其他直接责任人员处一万元以上十万元以下罚款。

违反本法第三十六条规定，未经主管机关批准向外国司法或者执法机构提供数据的，由有关主管部门给予警告，可以并处十万元以上一百万元以下罚款，对直接负责的主管人员和其他直接责任人员可以处一万元以上十万元以下罚款；造成严重后果的，处一百万元以上五百万元以下罚款，并可以责令暂停相关业务、停业整顿、吊销相关业务许可证或者吊销营业执照，对直接负责的主管人员和其他直接责任人员处五万元以上五十万元以下罚款。

第四十九条 国家机关不履行本法规定的数据安全保护义务的，对直接负责的主管人员和其他直接责任人员依法给予处分。

第五十条 履行数据安全监管职责的国家工作人员玩忽职守、滥用职权、徇私舞弊的，依法给予处分。

第五十一条 窃取或者以其他非法方式获取数据，开展数据处理活动排除、限制竞争，或者损害个人、组织合法权益的，依照有关法律、行政法规的规定处罚。

第五十二条 违反本法规定，给他人造成损害的，依法承担民事责任。

违反本法规定，构成违反治安管理行为的，依法给予治安管理处罚；构成犯罪的，依法追究刑事责任。

第七章　附则

第五十三条　开展涉及国家秘密的数据处理活动，适用《中华人民共和国保守国家秘密法》等法律、行政法规的规定。

在统计、档案工作中开展数据处理活动，开展涉及个人信息的数据处理活动，还应当遵守有关法律、行政法规的规定。

第五十四条　军事数据安全保护的办法，由中央军事委员会依据本法另行制定。

第五十五条　本法自 2021 年 9 月 1 日起施行。

《中华人民共和国消费者权益保护法》（摘编）

（2013年10月25日第十二届全国人民代表大会常务委员会第五次会议修正）

第十四条 消费者在购买、使用商品和接受服务时，享有人格尊严、民族风俗习惯得到尊重的权利，享有个人信息依法得到保护的权利。

第二十九条 经营者收集、使用消费者个人信息，应当遵循合法、正当、必要的原则，明示收集、使用信息的目的、方式和范围，并经消费者同意。经营者收集、使用消费者个人信息，应当公开其收集、使用规则，不得违反法律、法规的规定和双方的约定收集、使用信息。

经营者及其工作人员对收集的消费者个人信息必须严格保密，不得泄露、出售或者非法向他人提供。经营者应当采取技术措施和其他必要措施，确保信息安全，防止消费者个人信息泄露、丢失。在发生或者可能发生信息泄露、丢失的情况时，应当立即采取补救措施。

经营者未经消费者同意或者请求，或者消费者明确表示拒绝的，不得向其发送商业性信息。

第五十条 经营者侵害消费者的人格尊严、侵犯消费者人身自由或者侵害消费者个人信息依法得到保护的权利的，应当停止侵害、恢复名誉、消除影响、赔礼道歉，并赔偿损失。

第五十六条 经营者有下列情形之一，除承担相应的民事责任外，其他有关法律、法规对处罚机关和处罚方式有规定的，依照法律、法规的规定执行；法律、法规未作规定的，由工商行政管理部门或者其他有关行政部门责令改正，可以根据情节单处或者并处警告、没收违法所得、处以违法所得一倍以上十倍以下的罚款，没有违法所得的，处以五十万元以下的罚款；情节严重的，责令停业整顿、吊销营业执照：

（一）提供的商品或者服务不符合保障人身、财产安全要求的；

（二）在商品中掺杂、掺假，以假充真，以次充好，或者以不合格商品冒充合格商品的；

（三）生产国家明令淘汰的商品或者销售失效、变质的商品的；

（四）伪造商品的产地，伪造或者冒用他人的厂名、厂址，篡改生产日期，伪造或者冒用认证标志等质量标志的；

（五）销售的商品应当检验、检疫而未检验、检疫或者伪造检验、检疫结果的；

（六）对商品或者服务作虚假或者引人误解的宣传的；

（七）拒绝或者拖延有关行政部门责令对缺陷商品或者服务采取停止销售、警示、召回、无害化处理、销毁、停止生产或者服务等措施的；

（八）对消费者提出的修理、重作、更换、退货、补足商品数量、退还货款和服务费用或者赔偿损失的要求，故意拖延或者无理拒绝的；

（九）侵害消费者人格尊严、侵犯消费者人身自由或者侵害消费者个人信息依法得到保护的权利的；

（十）法律、法规规定的对损害消费者权益应当予以处罚的其他情形。

经营者有前款规定情形的，除依照法律、法规规定予以处罚外，处罚机关应当记入信用档案，向社会公布。

《中华人民共和国民法典》(摘编)

(2020年5月28日第十三届全国人民代表大会第三次会议通过)

总则

第一百一十一条 自然人的个人信息受法律保护。任何组织和个人需要获取他人个人信息的，应当依法取得并确保信息安全，不得非法收集、使用、加工、传输他人个人信息，不得非法买卖、提供或者公开他人个人信息。

人格权

第九百九十九条 为公共利益实施新闻报道、舆论监督等行为的，可以合理使用民事主体的姓名、名称、肖像、个人信息等；使用不合理侵害民事主体人格权的，应当依法承担民事责任。

第一千零三十四条 自然人的个人信息受法律保护。

个人信息是以电子或者其他方式记录的能够单独或者与其他信息结合识别特定自然人的各种信息，包括自然人的姓名、出生日期、身份证件号码、生物识别信息、住址、电话号码、电子邮箱、健康信息、行踪信息等。

个人信息中的私密信息，适用有关隐私权的规定；没有规定的，适用有关个人信息保护的规定。

第一千零三十五条 处理个人信息的，应当遵循合法、正当、必要原则，不得过度处理，并符合下列条件：

（一）征得该自然人或者其监护人同意，但是法律、行政法规另有规定的除外；

（二）公开处理信息的规则；

（三）明示处理信息的目的、方式和范围；

（四）不违反法律、行政法规的规定和双方的约定。

个人信息的处理包括个人信息的收集、存储、使用、加工、传输、提供、公开等。

第一千零三十六条 处理个人信息，有下列情形之一的，行为人不承担民事责任：

（一）在该自然人或者其监护人同意的范围内合理实施的行为；

（二）合理处理该自然人自行公开的或者其他已经合法公开的信息，但是该自然人明确拒绝或者处理该信息侵害其重大利益的除外；

（三）为维护公共利益或者该自然人合法权益，合理实施的其他行为。

第一千零三十七条 自然人可以依法向信息处理者查阅或者复制其个人信息；发现信息有错误的，有权提出异议并请求及时采取更正等必要措施。

自然人发现信息处理者违反法律、行政法规的规定或者双方的约定处理其个人信息的，有权请求信息处理者及时删除。

第一千零三十八条 信息处理者不得泄露或者篡改其收集、存储的个人信息；未经自然人同意，不得向他人非法提供其个人信息，但是经过加工无法识别特定个人且不能复原的除外。

信息处理者应当采取技术措施和其他必要措施，确保其收集、存储的个人信息安全，防止信息泄露、篡改、丢失；发生或者可能发生个人信息泄露、篡改、丢失的，应当及时采取补救措施，按照规定告知自然人并向有关主管部门报告。

第一千零三十九条 国家机关、承担行政职能的法定机构及其工作人员对于履行职责过程中知悉的自然人的隐私和个人信息，应当予以保密，不得泄露或者向他人非法提供。

《中华人民共和国刑法修正案（九）》（摘编）

（2015年8月29日第十二届全国人民代表大会常务委员会第十六次会议表决通过）

第二百五十三条之一 违反国家有关规定，向他人出售或者提供公民个人信息，情节严重的，处三年以下有期徒刑或者拘役，并处或者单处罚金；情节特别严重的，处三年以上七年以下有期徒刑，并处罚金。

违反国家有关规定，将在履行职责或者提供服务过程中获得的公民个人信息，出售或者提供给他人的，依照前款的规定从重处罚。

窃取或者以其他方法非法获取公民个人信息的，依照第一款的规定处罚。

单位犯前三款罪的，对单位判处罚金，并对其直接负责的主管人员和其他直接责任人员，依照各该款的规定处罚。

《中华人民共和国电子商务法》(摘编)

(2018年8月31日第十三届全国人民代表大会常务委员会第五次会议表决通过)

第五条 电子商务经营者从事经营活动,应当遵循自愿、平等、公平、诚信的原则,遵守法律和商业道德,公平参与市场竞争,履行消费者权益保护、环境保护、知识产权保护、网络安全与个人信息保护等方面的义务,承担产品和服务质量责任,接受政府和社会的监督。

第二十三条 电子商务经营者收集、使用其用户的个人信息,应当遵守法律、行政法规有关个人信息保护的规定。

第二十五条 有关主管部门依照法律、行政法规的规定要求电子商务经营者提供有关电子商务数据信息的,电子商务经营者应当提供。有关主管部门应当采取必要措施保护电子商务经营者提供的数据信息的安全,并对其中的个人信息、隐私和商业秘密严格保密,不得泄露、出售或者非法向他人提供。

第三十二条 电子商务平台经营者应当遵循公开、公平、公正的原则,制定平台服务协议和交易规则,明确进入和退出平台、商品和服务质量保障、消费者权益保护、个人信息保护等方面的权利和义务。

第七十九条 电子商务经营者违反法律、行政法规有关个人信息保护的规定,或者不履行本法第三十条和有关法律、行政法规规定的网络安全保障义务的,依照《中华人民共和国网络安全法》等法律、行政法规的规定处罚。

第八十七条 依法负有电子商务监督管理职责的部门的工作人员,玩忽职守、滥用职权、徇私舞弊,或者泄露、出售或者非法向他人提供在履行职责中所知悉的个人信息、隐私和商业秘密的,依法追究法律责任。

《中华人民共和国未成年人保护法》（摘编）

（2020年10月17日第十三届全国人民代表大会常务委员会第二十二次会议修订）

第四条 保护未成年人，应当坚持最有利于未成年人的原则。处理涉及未成年人事项，应当符合下列要求：

（一）给予未成年人特殊、优先保护；

（二）尊重未成年人人格尊严；

（三）保护未成年人隐私权和个人信息；

（四）适应未成年人身心健康发展的规律和特点；

（五）听取未成年人的意见；

（六）保护与教育相结合。

第七十二条 信息处理者通过网络处理未成年人个人信息的，应当遵循合法、正当和必要的原则。处理不满十四周岁未成年人个人信息的，应当征得未成年人的父母或者其他监护人同意，但法律、行政法规另有规定的除外。

未成年人、父母或者其他监护人要求信息处理者更正、删除未成年人个人信息的，信息处理者应当及时采取措施予以更正、删除，但法律、行政法规另有规定的除外。

《中华人民共和国电信条例》（摘编）

（2000年9月20日国务院第31次常务会议通过，2016年2月6日根据《国务院关于修改部分行政法规的决定》修订）

第五十七条 任何组织或者个人不得有下列危害电信网络安全和信息安全的行为：

（一）对电信网的功能或者存储、处理、传输的数据和应用程序进行删除或者修改；

（二）利用电信网从事窃取或者破坏他人信息、损害他人合法权益的活动；

（三）故意制作、复制、传播计算机病毒或者以其他方式攻击他人电信网络等电信设施；

（四）危害电信网络安全和信息安全的其他行为。

《电信和互联网用户个人信息保护规定》

（中华人民共和国工业和信息化部令第24号，2013年6月28日审议通过）

第一章　总则

第一条　为了保护电信和互联网用户的合法权益，维护网络信息安全，根据《全国人民代表大会常务委员会关于加强网络信息保护的决定》、《中华人民共和国电信条例》和《互联网信息服务管理办法》等法律、行政法规，制定本规定。

第二条　在中华人民共和国境内提供电信服务和互联网信息服务过程中收集、使用用户个人信息的活动，适用本规定。

第三条　工业和信息化部和各省、自治区、直辖市通信管理局（以下统称电信管理机构）依法对电信和互联网用户个人信息保护工作实施监督管理。

第四条　本规定所称用户个人信息，是指电信业务经营者和互联网信息服务提供者在提供服务的过程中收集的用户姓名、出生日期、身份证件号码、住址、电话号码、账号和密码等能够单独或者与其他信息结合识别用户的信息以及用户使用服务的时间、地点等信息。

第五条　电信业务经营者、互联网信息服务提供者在提供服务的过程中收集、使用用户个人信息，应当遵循合法、正当、必要的原则。

第六条　电信业务经营者、互联网信息服务提供者对其在提供服务过程中收集、使用的用户个人信息的安全负责。

第七条　国家鼓励电信和互联网行业开展用户个人信息保护自律工作。

第二章　信息收集和使用规范

第八条　电信业务经营者、互联网信息服务提供者应当制定用户个人信息收集、使用规则，并在其经营或者服务场所、网站等予以公布。

第九条 未经用户同意，电信业务经营者、互联网信息服务提供者不得收集、使用用户个人信息。

电信业务经营者、互联网信息服务提供者收集、使用用户个人信息的，应当明确告知用户收集、使用信息的目的、方式和范围，查询、更正信息的渠道以及拒绝提供信息的后果等事项。

电信业务经营者、互联网信息服务提供者不得收集其提供服务所必需以外的用户个人信息或者将信息用于提供服务之外的目的，不得以欺骗、误导或者强迫等方式或者违反法律、行政法规以及双方的约定收集、使用信息。

电信业务经营者、互联网信息服务提供者在用户终止使用电信服务或者互联网信息服务后，应当停止对用户个人信息的收集和使用，并为用户提供注销号码或者账号的服务。

法律、行政法规对本条第一款至第四款规定的情形另有规定的，从其规定。

第十条 电信业务经营者、互联网信息服务提供者及其工作人员对在提供服务过程中收集、使用的用户个人信息应当严格保密，不得泄露、篡改或者毁损，不得出售或者非法向他人提供。

第十一条 电信业务经营者、互联网信息服务提供者委托他人代理市场销售和技术服务等直接面向用户的服务性工作，涉及收集、使用用户个人信息的，应当对代理人的用户个人信息保护工作进行监督和管理，不得委托不符合本规定有关用户个人信息保护要求的代理人代办相关服务。

第十二条 电信业务经营者、互联网信息服务提供者应当建立用户投诉处理机制，公布有效的联系方式，接受与用户个人信息保护有关的投诉，并自接到投诉之日起十五日内答复投诉人。

第三章　安全保障措施

第十三条 电信业务经营者、互联网信息服务提供者应当采取以下措施防止用户个人信息泄露、毁损、篡改或者丢失：

（一）确定各部门、岗位和分支机构的用户个人信息安全管理责任；

（二）建立用户个人信息收集、使用及其相关活动的工作流程和安全管理制度；

（三）对工作人员及代理人实行权限管理，对批量导出、复制、销毁信息实行审查，并采取防泄密措施；

（四）妥善保管记录用户个人信息的纸介质、光介质、电磁介质等载体，并采取相应的安全储存措施；

（五）对储存用户个人信息的信息系统实行接入审查，并采取防入侵、防病毒等措施；

（六）记录对用户个人信息进行操作的人员、时间、地点、事项等信息；

（七）按照电信管理机构的规定开展通信网络安全防护工作；

（八）电信管理机构规定的其他必要措施。

第十四条　电信业务经营者、互联网信息服务提供者保管的用户个人信息发生或者可能发生泄露、毁损、丢失的，应当立即采取补救措施；造成或者可能造成严重后果的，应当立即向准予其许可或者备案的电信管理机构报告，配合相关部门进行的调查处理。

电信管理机构应当对报告或者发现的可能违反本规定的行为的影响进行评估；影响特别重大的，相关省、自治区、直辖市通信管理局应当向工业和信息化部报告。电信管理机构在依据本规定作出处理决定前，可以要求电信业务经营者和互联网信息服务提供者暂停有关行为，电信业务经营者和互联网信息服务提供者应当执行。

第十五条　电信业务经营者、互联网信息服务提供者应当对其工作人员进行用户个人信息保护相关知识、技能和安全责任培训。

第十六条　电信业务经营者、互联网信息服务提供者应当对用户个人信息保护情况每年至少进行一次自查，记录自查情况，及时消除自查中发现的安全隐患。

第四章　监督检查

第十七条　电信管理机构应当对电信业务经营者、互联网信息服务提供者保护用户个人信息的情况实施监督检查。

电信管理机构实施监督检查时，可以要求电信业务经营者、互联网信息服务提供者提供相关材料，进入其生产经营场所调查情况，电信业务经营者、互联网信息服务提供者应当予以配合。

电信管理机构实施监督检查，应当记录监督检查的情况，不得妨碍电信业务经营者、互联网信息服务提供者正常的经营或者服务活动，不得收取任何费用。

第十八条 电信管理机构及其工作人员对在履行职责中知悉的用户个人信息应当予以保密，不得泄露、篡改或者毁损，不得出售或者非法向他人提供。

第十九条 电信管理机构实施电信业务经营许可及经营许可证年检时，应当对用户个人信息保护情况进行审查。

第二十一条 鼓励电信和互联网行业协会依法制定有关用户个人信息保护的自律性管理制度，引导会员加强自律管理，提高用户个人信息保护水平。

第五章 法律责任

第二十四条 电信管理机构工作人员在对用户个人信息保护工作实施监督管理的过程中玩忽职守、滥用职权、徇私舞弊的，依法给予处理；构成犯罪的，依法追究刑事责任。

《规范互联网信息服务市场秩序若干规定》

（中华人民共和国工业和信息化部令第20号，2011年12月7日审议通过）

第一条 为了规范互联网信息服务市场秩序，保护互联网信息服务提供者和用户的合法权益，促进互联网行业的健康发展，根据《中华人民共和国电信条例》、《互联网信息服务管理办法》等法律、行政法规的规定，制定本规定。

第二条 在中华人民共和国境内从事互联网信息服务及与互联网信息服务有关的活动，应当遵守本规定。

第三条 工业和信息化部和各省、自治区、直辖市通信管理局（以下统称“电信管理机构”）依法对互联网信息服务活动实施监督管理。

第四条 互联网信息服务提供者应当遵循平等、自愿、公平、诚信的原则提供服务。

第五条 互联网信息服务提供者不得实施下列侵犯其他互联网信息服务提供者合法权益的行为：

（一）恶意干扰用户终端上其他互联网信息服务提供者的服务，或者恶意干扰与互联网信息服务相关的软件等产品（“与互联网信息服务相关的软件等产品”以下简称“产品”）的下载、安装、运行和升级；

（二）捏造、散布虚假事实损害其他互联网信息服务提供者的合法权益，或者诋毁其他互联网信息服务提供者的服务或者产品；

（三）恶意对其他互联网信息服务提供者的服务或者产品实施不兼容；

（四）欺骗、误导或者强迫用户使用或者不使用其他互联网信息服务提供者的服务或者产品；

（五）恶意修改或者欺骗、误导、强迫用户修改其他互联网信息服务提供者的服务或者产品参数；

（六）其他违反国家法律规定，侵犯其他互联网信息服务提供者合法权益的行为。

第六条 对互联网信息服务提供者的服务或者产品进行评测，应当客观公正。

评测方公开或者向用户提供评测结果的，应当同时提供评测实施者、评测方法、数据来源、用户原始评价、评测手段和评测环境等与评测活动相关的信息。评测结果应当真实准确，与评测活动相关的信息应当完整全面。被评测的服务或者产品与评测方的服务或者产品相同或者功能类似的，评测结果中不得含有评测方的主观评价。

被评测方对评测结果有异议的，可以自行或者委托第三方就评测结果进行再评测，评测方应当予以配合。

评测方不得利用评测结果，欺骗、误导、强迫用户对被评测方的服务或者产品作出处置。

本规定所称评测，是指提供平台供用户评价，或者以其他方式对互联网信息服务或者产品的性能等进行评价和测试。

第七条 互联网信息服务提供者不得实施下列侵犯用户合法权益的行为：

（一）无正当理由拒绝、拖延或者中止向用户提供互联网信息服务或者产品；

（二）无正当理由限定用户使用或者不使用其指定的互联网信息服务或者产品；

（三）以欺骗、误导或者强迫等方式向用户提供互联网信息服务或者产品；

（四）提供的互联网信息服务或者产品与其向用户所作的宣传或者承诺不符；

（五）擅自改变服务协议或者业务规程，降低服务质量或者加重用户责任；

（六）与其他互联网信息服务提供者的服务或者产品不兼容时，未主动向用户提示和说明；

（七）未经提示并由用户主动选择同意，修改用户浏览器配置或者其他设置；

（八）其他违反国家法律规定，侵犯用户合法权益的行为。

第八条 互联网信息服务提供者在用户终端上进行软件下载、安装、运行、升级、卸载等操作的，应当提供明确、完整的软件功能等信息，并事先征得用户同意。

互联网信息服务提供者不得实施下列行为：

（一）欺骗、误导或者强迫用户下载、安装、运行、升级、卸载软件；

（二）未提供与软件安装方式同等或者更便捷的卸载方式；

（三）在未受其他软件影响和人为破坏的情况下，未经用户主动选择同意，软件卸载后有可执行代码或者其他不必要的文件驻留在用户终端。

第九条 互联网信息服务终端软件捆绑其他软件的，应当以显著的方式提示用户，由用户主动选择是否安装或者使用，并提供独立的卸载或者关闭方式，不得附加不合理条件。

第十条 互联网信息服务提供者在用户终端弹出广告或者其他与终端软件功能无关的信息窗口的，应当以显著的方式向用户提供关闭或者退出窗口的功能标识。

第十一条 未经用户同意，互联网信息服务提供者不得收集与用户相关、能够单独或者与其他信息结合识别用户的信息（以下简称“用户个人信息”），不得将用户个人信息提供给他人，但是法律、行政法规另有规定的除外。

互联网信息服务提供者经用户同意收集用户个人信息的，应当明确告知用户收集和处理用户个人信息的方式、内容和用途，不得收集其提供服务所必需以外的信息，不得将用户个人信息用于其提供服务之外的目的。

第十二条 互联网信息服务提供者应当妥善保管用户个人信息；保管的用户个人信息泄露或者可能泄露时，应当立即采取补救措施；造成或者可能造成严重后果的，应当立即向准予其互联网信息服务许可或者备案的电信管理机构报告，并配合相关部门进行的调查处理。

第十三条 互联网信息服务提供者应当加强系统安全防护，依法维护用户上载信息的安全，保障用户对上载信息的使用、修改和删除。

互联网信息服务提供者不得有下列行为：

（一）无正当理由擅自修改或者删除用户上载信息；

（二）未经用户同意，向他人提供用户上载信息，但是法律、行政法规另有规定的除外；

（三）擅自或者假借用户名义转移用户上载信息，或者欺骗、误导、强迫用户转移其上载信息；

（四）其他危害用户上载信息安全的行为。

第十四条 互联网信息服务提供者应当以显著的方式公布有效联系方式，接受用户及其他互联网信息服务提供者的投诉，并自接到投诉之日起15日内做出答复。

第十五条 互联网信息服务提供者认为其他互联网信息服务提供者实施违反本规定的行为，侵犯其合法权益并对用户权益造成或者可能造成重大影响的，应当立即向准予该其他互联网信息服务提供者互联网信息服务许可或者备案的电信管理机构报告。

电信管理机构应当对报告或者发现的可能违反本规定的行为的影响进行评估；影响特别重大的，相关省、自治区、直辖市通信管理局应当向工业和信息化部报告。电信管理机构在依据本规定做出处理决定前，可以要求互联网信息服务提供者暂停有关行为，互联网信息服务提供者应当执行。

第十六条 互联网信息服务提供者违反本规定第五条、第七条或者第十三条的规定，由电信管理机构依据职权责令改正，处以警告，可以并处1万元以上3万元以下的罚款，向社会公告；其中，《中华人民共和国电信条例》或者《互联网信息服务管理办法》规定法律责任的，依照其规定处理。

第十七条 评测方违反本规定第六条的规定的，由电信管理机构依据职权处以警告，可以并处1万元以上3万元以下的罚款，向社会公告。

第十八条 互联网信息服务提供者违反本规定第八条、第九条、第十条、第十一条、第十二条或者第十四条的规定的，由电信管理机构依据职权处以警告，可以并处1万元以上3万元以下的罚款，向社会公告。

第十九条 互联网信息服务提供者违反本规定第十五条规定，不执行电信管理机构暂停有关行为的要求的，由电信管理机构依据职权处以警告，向社会公告。

第二十条 互联网信息服务提供者违反其他法律、行政法规规定的，依照其规定处理。

第二十一条 本规定自2012年3月15日起施行。

《最高人民法院关于审理利用信息网络侵害人身权益民事纠纷案件适用法律若干问题的规定》（摘编）

（2020年12月23日最高人民法院审判委员会第1823次会议修正）

第十二条 网络用户或者网络服务提供者利用网络公开自然人基因信息、病历资料、健康检查资料、犯罪记录、家庭住址、私人活动等个人隐私和其他个人信息，造成他人损害，被侵权人请求其承担侵权责任的，人民法院应予支持。但下列情形除外：

（一）经自然人书面同意且在约定范围内公开；

（二）为促进社会公共利益且在必要范围内；

（三）学校、科研机构等基于公共利益为学术研究或者统计的目的，经自然人书面同意，且公开的方式不足以识别特定自然人；

（四）自然人自行在网络上公开的信息或者其他已合法公开的个人信息；

（五）以合法渠道获取的个人信息；

（六）法律或者行政法规另有规定。

网络用户或者网络服务提供者以违反社会公共利益、社会公德的方式公开前款第四项、第五项规定的个人信息，或者公开该信息侵害权利人值得保护的重大利益，权利人请求网络用户或者网络服务提供者承担侵权责任的，人民法院应予支持。

国家机关行使职权公开个人信息的，不适用本条规定。

《最高人民法院、最高人民检察院关于办理侵犯公民个人信息刑事案件适用法律若干问题的解释》

（2017年3月20日由最高人民法院审判委员会第1712次会议、2017年4月26日由最高人民检察院第十二届检察委员会第63次会议通过）

第一条 刑法第二百五十三条之一规定的“公民个人信息”，是指以电子或者其他方式记录的能够单独或者与其他信息结合识别特定自然人身份或者反映特定自然人活动情况的各种信息，包括姓名、身份证件号码、通信通讯联系方式、住址、账号密码、财产状况、行踪轨迹等。

第二条 违反法律、行政法规、部门规章有关公民个人信息保护的规定的，应当认定为刑法第二百五十三条之一规定的“违反国家有关规定”。

第三条 向特定人提供公民个人信息，以及通过信息网络或者其他途径发布公民个人信息的，应当认定为刑法第二百五十三条之一规定的“提供公民个人信息”。

未经被收集者同意，将合法收集的公民个人信息向他人提供的，属于刑法第二百五十三条之一规定的“提供公民个人信息”，但是经过处理无法识别特定个人且不能复原的除外。

第四条 违反国家有关规定，通过购买、收受、交换等方式获取公民个人信息，或者在履行职责、提供服务过程中收集公民个人信息的，属于刑法第二百五十三条之一第三款规定的“以其他方法非法获取公民个人信息”。

第五条 非法获取、出售或者提供公民个人信息，具有下列情形之一的，应当认定为刑法第二百五十三条之一规定的“情节严重”：

（一）出售或者提供行踪轨迹信息，被他人用于犯罪的；

（二）知道或者应当知道他人利用公民个人信息实施犯罪，向其出售或者提供的；

（三）非法获取、出售或者提供行踪轨迹信息、通信内容、征信信息、财产信息五十条以上的；

（四）非法获取、出售或者提供住宿信息、通信记录、健康生理信息、交易信息等其他可能影响人身、财产安全的公民个人信息五百条以上的；

（五）非法获取、出售或者提供第三项、第四项规定以外的公民个人信息五千条以上的；

（六）数量未达到第三项至第五项规定标准，但是按相应比例合计达到有关数量标准的；

（七）违法所得五千元以上的；

（八）将在履行职责或者提供服务过程中获得的公民个人信息出售或者提供给他人，数量或者数额达到第三项至第七项规定标准一半以上的；

（九）曾因侵犯公民个人信息受过刑事处罚或者二年内受过行政处罚，又非法获取、出售或者提供公民个人信息的；

（十）其他情节严重的情形。

实施前款规定的行为，具有下列情形之一的，应当认定为刑法第二百五十三条之一第一款规定的“情节特别严重”：

（一）造成被害人死亡、重伤、精神失常或者被绑架等严重后果的；

（二）造成重大经济损失或者恶劣社会影响的；

（三）数量或者数额达到前款第三项至第八项规定标准十倍以上的；

（四）其他情节特别严重的情形。

第六条 为合法经营活动而非法购买、收受本解释第五条第一款第三项、第四项规定以外的公民个人信息，具有下列情形之一的，应当认定为刑法第二百五十三条之一规定的“情节严重”：

（一）利用非法购买、收受的公民个人信息获利五万元以上的；

（二）曾因侵犯公民个人信息受过刑事处罚或者二年内受过行政处罚，又非法购买、收受公民个人信息的；

（三）其他情节严重的情形。

实施前款规定的行为，将购买、收受的公民个人信息非法出售或者提供的，定罪量刑标准适用本解释第五条的规定。

第七条 单位犯刑法第二百五十三条之一规定之罪的，依照本解释规定的相应自然人犯罪的定罪量刑标准，对直接负责的主管人员和其他直接责任人员定罪处罚，并对单位判处罚金。

第八条 设立用于实施非法获取、出售或者提供公民个人信息违法犯罪活动的网站、通讯群组，情节严重的，应当依照刑法第二百八十七条之一的规定，以非法利用信息网络罪定罪处罚；同时构成侵犯公民个人信息罪的，依照侵犯公民个人信息罪定罪处罚。

第九条 网络服务提供者拒不履行法律、行政法规规定的信息网络安全管理义务，经监管部门责令采取改正措施而拒不改正，致使用户的公民个人信息泄露，造成严重后果的，应当依照刑法第二百八十六条之一的规定，以拒不履行信息网络安全管理义务罪定罪处罚。

第十条 实施侵犯公民个人信息犯罪，不属于“情节特别严重”，行为人系初犯，全部退赃，并确有悔罪表现的，可以认定为情节轻微，不起诉或者免予刑事处罚；确有必要判处刑罚的，应当从宽处罚。

第十一条 非法获取公民个人信息后又出售或者提供的，公民个人信息的条数不重复计算。

向不同单位或者个人分别出售、提供同一公民个人信息的，公民个人信息的条数累计计算。

对批量公民个人信息的条数，根据查获的数量直接认定，但是有证据证明信息不真实或者重复的除外。

第十二条 对于侵犯公民个人信息犯罪，应当综合考虑犯罪的危害程度、犯罪的违法所得数额以及被告人的前科情况、认罪悔罪态度等，依法判处罚金。罚金数额一般在违法所得的一倍以上五倍以下。

第十三条 本解释自 2017 年 6 月 1 日起施行。

《移动智能终端应用软件预置和分发管理暂行规定》

（工信部信管〔2016〕407号，工业和信息化部2016年12月印发）

为推动移动互联网健康有序发展，构建安全可信的信息通信网络环境，依法维护用户的知情权和选择权，促进大众创业、万众创新，规范移动互联网市场秩序，根据《全国人民代表大会常务委员会关于加强网络信息保护的决定》《中华人民共和国网络安全法》《中华人民共和国电信条例》和《互联网信息服务管理办法》等有关规定，制定本规定。

第一条 工业和信息化部大力推动移动智能终端应用软件发展，鼓励移动智能终端生产企业、互联网信息服务提供者等相关企业积极开发移动智能终端应用软件产品，丰富信息消费内容，引导企业健全相关管理机制。鼓励有关行业协会等依法制定自律性管理制度，共同规范移动智能终端应用软件的预置和分发行为，维护网络安全，加强用户权益保护。

第二条 本规定规范移动智能终端生产企业（以下简称生产企业）的移动智能终端应用软件预置行为，以及互联网信息服务提供者提供的移动智能终端应用软件分发服务。

第三条 工业和信息化部依照本规定对全国范围内移动智能终端应用软件预置与分发服务实施监督管理。省、自治区、直辖市通信管理局（以下统称各地通信主管部门）在工业和信息化部领导下，按照本规定对本行政区域内的移动智能终端应用软件预置与分发服务实施监督管理。工业和信息化部和各地通信主管部门应进一步完善移动智能终端应用软件预置与分发服务监管制度，强化事中事后管理。

第四条 生产企业和提供移动智能终端应用软件分发服务的互联网信息服务提供者（以下简称互联网信息服务提供者）不得提供或传播含有下列内容的移动

智能终端应用软件：

（一）反对宪法所确定的基本原则的；

（二）危害国家安全，泄露国家秘密，颠覆国家政权，破坏国家统一的；

（三）损害国家荣誉和利益的；

（四）煽动民族仇恨、民族歧视，破坏民族团结的；

（五）破坏国家宗教政策，宣扬邪教和封建迷信的；

（六）散布谣言，扰乱社会秩序，破坏社会稳定的；

（七）散布淫秽、色情、赌博、暴力、凶杀、恐怖或者教唆犯罪的；

（八）侮辱或者诽谤他人，侵害他人合法权益的；

（九）含有法律、行政法规禁止的其他内容的。

第五条 生产企业和互联网信息服务提供者应依法依规提供移动智能终端应用软件，采取有效措施，维护网络安全，切实保护用户合法权益。

（一）提供移动智能终端预置软件（以下简称预置软件）的生产企业和互联网信息服务提供者应自觉维护行业公平竞争，依法维护用户的知情权和选择权，不得实施破坏市场竞争秩序、侵犯用户合法权益的行为。

（二）生产企业和互联网信息服务提供者所提供移动智能终端应用软件不得调用与所提供服务无关的终端功能、违法发送商业性电子信息；未经明示且经用户同意，不得实施收集使用用户个人信息、开启应用软件、捆绑推广其他应用软件等侵害用户合法权益或危害网络安全的行为。

（三）为移动智能终端应用软件提供代收费的企业，应当采取必要措施，加强对计费、收费行为的管理，杜绝不明扣费；收费企业应对用户确认信息和计费原始数据至少保存 5 个月，并为用户查询提供方便。

（四）生产企业应约束销售渠道，未经用户同意不得擅自在移动智能终端中安装应用软件，并提示用户终端在销售渠道等环节被装入应用软件的可能性、风险和应对措施。

第六条 生产企业和互联网信息服务提供者均应明示所提供移动智能终端应用软件相关信息。

（一）生产企业和互联网信息服务提供者均应通过用户提示、企业网站等方式明示所提供移动智能终端应用软件的信息，包括名称、功能描述、卸载方法、开发者信息、软件安装及运行所需权限列表等，明确告知用户应用软件收集、使用用户个人信息的内容、目的、方式和范围等。

（二）生产企业应在终端产品说明书中提供预置软件列表信息，并在终端产品说明书或外包装中标示预置软件详细信息的查询方法。生产企业在提交移动智能终端进网申请时，应提供相关产品符合前述要求的声明。

（三）涉及收费的移动智能终端应用软件应严格遵守明码标价等相关规定，明示收费标准、收费方式，明示内容真实准确、醒目规范，经用户确认后方可扣费。

第七条 生产企业和互联网信息服务提供者应确保除基本功能软件外的移动智能终端应用软件可卸载。

（一）移动智能终端的基本功能软件是指保障移动智能终端硬件和操作系统正常运行的应用软件，主要包括操作系统基本组件、保证智能终端硬件正常运行的应用、基本通信应用、应用软件下载通道等。终端中预置的实现同一功能的基本功能软件，至多有一个可设置为不可卸载。

（二）生产企业和互联网信息服务提供者应确保所提供的除基本功能软件之外的移动智能终端应用软件可由用户方便卸载，且在不影响移动智能终端安全使用的情况下，附属于该软件的资源文件、配置文件和用户数据文件等也应能够被方便卸载。

（三）生产企业应确保已被卸载的预置软件在移动智能终端操作系统升级时不被强行恢复；应保证移动智能终端获得进网许可证前后预置软件的一致性；移动智能终端新增预置软件或有重大功能变化的，应及时向工业和信息化部报告。

第八条 从事应用商店等移动应用分发平台服务的互联网信息服务提供者，以及在移动智能终端中预置了移动应用分发平台的生产企业对所提供的应用软件负有以下管理责任：

（一）应登记应用软件提供者、运营者、开发者的真实身份、联系方式等信息。

（二）应建立应用软件管理机制，对应用软件进行审核及安全、服务等相关检测，对审核和检测中发现的恶意应用软件等违法违规软件，不得向用户提供；

对所提供应用软件进行跟踪监测，及时处理违法违规软件，建立完善用户举报投诉处置措施等。

（三）应要求应用软件提供者在提交应用软件时声明其获取的用户终端权限及用途，并将上述信息向软件下载用户明示。

（四）应留存所提供应用软件，以及该软件有关版本、上线时间、功能简介、用途、MD5（消息摘要算法 5）等校验值、服务器接入等信息以备追溯检测，相关信息的留存时间不短于 60 日。

（五）对于违反本规定第四条要求的应用软件，以及在通信主管部门监督检查中发现的恶意应用软件，相关企业应予以及时下架。

（六）应加强网络安全防护以及对相关人员的教育培训，保障自身系统安全和用户个人信息安全。

第九条 通信主管部门应对生产企业和互联网信息服务提供者落实本规定相关要求情况进行监督检查。

（一）通信主管部门应组织专业检测机构对生产企业预置的和互联网信息服务提供者提供的应用软件开展监督检测和恶意应用软件认定工作，相关企业应给予配合，并提供便捷的获取应用软件的条件。

（二）检测机构应及时将检测和认定报告提交通信主管部门。通信主管部门依据报告，要求并监督相关企业进行整改，通知并监督互联网信息服务提供者下架恶意应用软件。

（三）通信主管部门向社会通报监督检查和检测情况。

（四）对于紧急情况以及互联网信息服务提供者未按要求及时下架违法应用软件的，通信主管部门可依法依规要求有关单位采取处置措施。

第十条 相关企业和社会组织应进一步完善服务保障措施，提高用户权益保护水平。

（一）生产企业和互联网信息服务提供者应建立移动智能终端应用软件投诉举报受理制度，为用户提供便捷的投诉举报方式，接受、验证和处理用户投诉举报。如用户发现移动智能终端应用软件违反本规定要求，可向相关企业投诉举报，企业应在规定和公开承诺的时限内妥善处理；对处理结果不满的，用户可向电信用户申诉受理机构申诉。用户发现恶意应用软件，以及含有法律法规规定的禁止性内容或违法发送商业性电子信息的移动终端应用软件，可向网络不良与垃圾信息举报中心举报。

（二）工业和信息化部鼓励移动智能终端应用软件采用依法设立的电子认证服务机构颁发的数字证书进行签名；指导相关企业对已签名的移动智能终端应用软件采用依法设立的电子认证服务机构颁发的数字证书，进行验证并显著标识。

（三）工业和信息化部支持相关社会组织通过行业自律形式，建立恶意应用软件黑名单，实现黑名单信息在相关企业、专业检测机构以及用户之间的共享。

第十一条 违反本规定的，通信主管部门依据职权责令改正，依法进行处罚，并将生产企业、互联网信息服务提供者违反本规定受到行政处罚的情况记入信誉档案，向社会公布。对涉嫌违法犯罪的应用软件线索，各单位应及时报告公安机关。

第十二条 本规定下列用语的含义是：

移动智能终端是指接入公众移动通信网络、具有操作系统、可由用户自行安装和卸载应用软件的移动通信终端产品。

移动智能终端应用软件（英文简称 App）包括移动智能终端预置应用软件，以及互联网信息服务提供者提供的可以通过网站、应用商店等移动应用分发平台下载、安装、升级的应用软件。

移动应用分发平台是指网站、应用商店等提供移动智能终端应用软件下载、安装、升级的应用软件平台。

移动智能终端预置应用软件是指由生产企业自行或与互联网信息服务提供者合作在移动智能终端出厂前安装的应用软件。

恶意应用软件是指含有信息窃取、恶意扣费、诱骗欺诈、系统破坏等恶意行为及其他危害用户权益和网络安全的应用软件。

商业性电子信息是指利用电信网或互联网，向用户介绍、推销商品、服务或者商业投资机会的电子信息。

第十三条 本规定解释权属于工业和信息化部。

第十四条 本规定自 2017 年 7 月 1 日起实施。

App侵害用户权益规则制度

工业和信息化部关于开展App侵害用户权益专项整治工作的通知

（工信部信管函〔2019〕337号）

各省、自治区、直辖市通信管理局，中国信息通信研究院、中国互联网协会，各相关单位：

当前，App违规收集个人信息、过度索权、频繁骚扰、侵害用户权益等问题突出，群众反映强烈，社会关注度高。结合2019年信息通信行业行风建设暨纠风工作安排，我部决定组织开展App侵害用户权益专项整治行动工作。有关事项通知如下：

一、整治内容

依据《中华人民共和国网络安全法》、《中华人民共和国电信条例》、《规范互联网信息服务市场秩序若干规定》（工业和信息化部令第20号）、《电信和互联网用户个人信息保护规定》（工业和信息化部令第24号）和《移动智能终端应用软件预置和分发管理暂行规定》（工信部信管〔2016〕407号）等法律法规和规范性文件要求，聚焦人民群众反映强烈和社会高度关注的侵犯用户权益行为，重点对以下四个方面8类问题开展规范整治工作。

（一）违规收集用户个人信息方面

1.“私自收集个人信息”。即App未明确告知收集使用个人信息的目的、方式和范围并获得用户同意前，收集用户个人信息。

2.“超范围收集个人信息”。即 App 收集个人信息，非服务所必需或无合理应用场景，超范围或超频次收集个人信息，如通讯录、位置、身份证、人脸等。

（二）违规使用用户个人信息方面

3.“私自共享给第三方”。即 App 未经用户同意与其他应用共享、使用用户个人信息，如设备识别信息、商品浏览记录、搜索使用习惯、常用软件应用列表等。

4.“强制用户使用定向推送功能”。即 App 未向用户告知，或未以显著方式标示，将收集到的用户搜索、浏览记录、使用习惯等个人信息，用于定向推送或精准营销，且未提供关闭该功能的选项。

（三）不合理索取用户权限方面

5.“不给权限不让用”。即 App 安装和运行时，向用户索取与当前服务场景无关的权限，用户拒绝授权后，应用退出或关闭。

6.“频繁申请权限”。即 App 在用户明确拒绝权限申请后，频繁申请开启通讯录、定位、短信、录音、相机等与当前服务场景无关的权限，骚扰用户。

7.“过度索取权限”。即 App 在用户未使用相关功能或服务时，提前申请开启通讯录、定位、短信、录音、相机等权限，或超出其业务功能或服务外，申请通讯录、定位、短信、录音、相机等权限。

（四）为用户账号注销设置障碍方面

8.“账号注销难”。即 App 未向用户提供账号注销服务，或为注销服务设置不合理的障碍。

二、整治对象

本次专项整治工作主要面向两类对象：一是 App 服务提供者，主要检查是否存在前述 8 类问题；二是 App 分发服务提供者，含应用商店和基础电信企业营业厅等承担 App 分发功能的各类企业，主要检查是否落实《移动智能终端应用软件预置和分发管理暂行规定》（工信部信管〔2016〕407 号）等有关要求。

三、工作安排

专项整治工作时间为通知印发之日至 2019 年 12 月 20 日。分三个阶段实施：

（一）企业自查自纠阶段（通知印发之日起至 11 月 10 日）。App 服务提供者对照前述 8 类问题认真开展自查，发现问题及时整改；App 分发服务提供者组织对所分发 App 进行全面检查，对存在问题的违规应用软件予以督促整改，拒不改正的应组织予以下架处理。

（二）监督抽查阶段（2019 年 11 月 11 日至 11 月 30 日）。我部将组织第三方检测机构对 App 进行技术检测和检查，重点抽测与群众生活密切相关、下载使用量较大的 App 产品和分发平台。对群众反映强烈、难以接受、认为不合理的 App，我部将组织电信用户委员会、中国互联网协会以及相关媒体机构开展用户和专家评议。各省、自治区、直辖市通信管理局可根据本地实际情况开展检查工作，并将结果报部（信息通信管理局）。

（三）结果处置阶段（2019 年 12 月 1 日至 12 月 20 日）。我部将对存在问题的 App 统一进行通报，依法依规予以处理，具体措施包括责令整改、向社会公告、组织 App 下架、停止 App 接入服务，以及将受到行政处罚的违规主体纳入电信业务经营不良名单或失信名单等。

四、工作要求

（一）切实提高思想认识。各单位要坚决贯彻落实以人民为中心的发展思想，切实提高政治站位，高度重视本次专项整治工作，精心组织、周密部署，细化整治措施，着力解决群众最关心最直接最现实的利益问题，务求取得实效。

（二）畅通用户投诉渠道。专项整治工作期间，各企业应畅通用户投诉渠道，完善投诉处理服务机制和流程。中国互联网协会应通过互联网信息服务投诉平台或 12321 举报中心接受群众投诉，及时汇总处理用户反映的相关问题。

（三）巩固建立长效机制。App 用户量大、影响面广、耦合性强，规范管理工作涉及主体多、链条长，需要企业自律、社会监督和政府监管的协同共治。各单位要以此次专项整治工作为契机，不断总结经验、分析原因、举一反三、巩固成效，为后续规范行业管理奠定基础。

特此通知。

（联系电话：010-66011239/68206119）

工业和信息化部

2019 年 10 月 31 日

工业和信息化部关于开展纵深推进 App 侵害用户权益专项整治行动的通知

（工信部信管函〔2020〕164号）

各省、自治区、直辖市通信管理局，中国信息通信研究院、中国互联网协会，各相关单位：

按照 2020 年信息通信行业行风建设暨纠风工作部署，为切实加强用户个人信息保护，为人民群众提供更安全、更健康、更干净的信息环境，我部决定开展纵深推进 App 侵害用户权益专项整治行动。专项整治时间为通知印发之日至 2020 年 12 月 10 日。具体事项通知如下：

一、整治目标

依据《中华人民共和国网络安全法》、《中华人民共和国电信条例》、《规范互联网信息服务市场秩序若干规定》（工业和信息化部令第 20 号）、《电信和互联网用户个人信息保护规定》（工业和信息化部令第 24 号）和《移动智能终端应用软件预置和分发管理暂行规定》（工信部信管〔2016〕407 号）等规定，深入推进技管结合，加强监督检查，督促相关企业强化 App 个人信息保护，及时整改消除违规收集、使用用户个人信息和骚扰用户、欺骗误导用户、应用分发平台管理责任落实不到位等突出问题，净化 App 应用空间。2020 年 8 月底前上线运行全国 App 技术检测平台管理系统，12 月 10 日前完成覆盖 40 万款主流 App 检测工作。

二、整治对象

（一）App 服务提供者，即互联网信息服务提供者提供的可以下载、安装、升级的应用软件，包括快应用和小程序等新应用形态。

（二）软件工具开发包（SDK）提供者，即集成在手机 App 里的第三方工具集合。

（三）应用分发平台，包括网站、应用商店、App 等承担下载、安装、升级等分发服务的各类平台。

三、整治任务

（一）App、SDK 违规处理用户个人信息方面

1. 违规收集个人信息。重点整治 App、SDK 未告知用户收集个人信息的目的、方式、范围且未经用户同意，私自收集用户个人信息的行为。

2. 超范围收集个人信息。重点整治 App、SDK 非服务所必需或无合理应用场景，特别是在静默状态下或在后台运行时，超范围收集个人信息的行为。

3. 违规使用个人信息。重点整治 App、SDK 未向用户告知且未经用户同意，私自使用个人信息，将用户个人信息用于其提供服务之外的目的，特别是私自向其他应用或服务器发送、共享用户个人信息的行为。

4. 强制用户使用定向推送功能。重点整治 App、SDK 未以显著方式标示且未经用户同意，将收集到的用户搜索、浏览记录、使用习惯等个人信息，用于定向推送或广告精准营销，且未提供关闭该功能选项的行为。

（二）设置障碍、频繁骚扰用户方面

5. App 强制、频繁、过度索取权限。重点整治 App 安装、运行和使用相关功能时，非服务所必需或无合理应用场景下，用户拒绝相关授权申请后，应用自动退出或关闭的行为。重点整治短时长、高频次，在用户明确拒绝权限申请后，频繁弹窗、反复申请与当前服务场景无关权限的行为。重点整治未及时明确告知用户索取权限的目的和用途，提前申请超出其业务功能等权限的行为。

6. App 频繁自启动和关联启动。重点整治 App 未向用户告知且未经用户同意，或无合理的使用场景，频繁自启动或关联启动第三方 App 的行为。

（三）欺骗误导用户方面

7. 欺骗误导用户下载 App。重点整治通过“偷梁换柱”“移花接木”等方式欺骗误导用户下载 App，特别是具有分发功能的移动应用程序欺骗误导用户下载非用户所自愿下载 App 的行为。

8. 欺骗误导用户提供个人信息。重点整治非服务所必需或无合理场景，通过

积分、奖励、优惠等方式欺骗误导用户提供身份证号码以及个人生物特征信息的行为。

（四）应用分发平台责任落实不到位方面

9. 应用分发平台上的 App 信息明示不到位。重点整治应用分发平台上未明示App运行所需权限列表及用途，未明示App收集、使用用户个人信息的内容、目的、方式和范围等行为。

10. 应用分发平台管理责任落实不到位。重点整治 App 上架审核不严格、违法违规软件处理不及时和 App 提供者、运营者、开发者身份信息不真实、联系方式虚假失效等问题。

四、工作要求

（一）开展检测检查。我部将于即日起组织第三方检测机构对 App、SDK 进行技术检测，对应用分发平台的主体责任落实情况进行监督检查。对第一次检查发现存在问题的企业，我部将责令 5 个工作日内完成整改，对整改不彻底仍然存在问题的，将采取向社会公告、组织下架、行政处罚以及将受到行政处罚的违规主体纳入电信业务经营不良名单或失信名单等措施；对在 App 不同版本中反复出现问题的企业，我部将向社会公告，并依法依规开展后续处置工作。

（二）抓好执行落实。各地通信管理局要结合实际开展检查工作，每月 15 日前将违规线索录入全国 App 技术检测平台管理系统，并按照部工作要求开展相关问题处置。相关企业要及时开展自查自纠，对发现的问题立行立改，举一反三，切实有效保护个人信息。App 企业要完善用户权益保障制度，加强对所集成 SDK 的管理。应用分发平台要强化平台管理责任，积极配合电信主管部门开展相关监管工作。

（三）推动行业自律。鼓励行业协会组织 App 开发运营者、应用分发平台、第三方服务提供者、电信设备生产企业、安全厂商等相关单位，制定行业自律公约和技术检测标准，健全第三方评议机制，强化行业规范。

（四）强化手段建设。中国信息通信研究院要大力推进全国 App 技术检测平台管理系统建设，进一步凝聚产业力量，鼓励有条件的企业积极参与平台建设，提升自动化检测水平和能力。各地通信管理局要尽快接入，用好相关技术手段，做到关口前移，及时发现解决问题，不断提升行业治理能力和水平。

（五）畅通投诉渠道。专项整治工作期间，各企业应畅通用户投诉渠道，完善投诉处理服务机制和流程。中国互联网协会应通过互联网信息服务投诉平台或12321举报中心接受群众投诉，及时汇总处理用户反映的相关问题。

工业和信息化部

2020年7月22日

移动互联网应用程序个人信息保护管理暂行规定（征求意见稿）

第一条　为保护个人信息权益，规范移动互联网应用程序（以下简称 App）个人信息处理活动，促进个人信息合理利用，依据《中华人民共和国网络安全法》等法律法规，制定本规定。

第二条　在中华人民共和国境内开展的 App 个人信息处理活动，应当遵守本规定。法律、行政法规对个人信息处理活动另有规定的，从其规定。

第三条　本规定所称 App 个人信息处理活动，是指移动智能终端中运行的应用程序收集、存储、使用、加工、传输个人信息的活动。

本规定所称 App 开发运营者，是指从事 App 开发和运营活动的主体。

本规定所称 App 分发平台，是指通过应用商店、应用市场、网站等方式提供 App 下载、升级服务的软件服务平台。

本规定所称 App 第三方服务提供者，是指相对于用户和 App 以外的，为 App 提供软件开发工具包（SDK）、封装、加固、编译环境等第三方服务的主体。

本规定所称移动智能终端生产企业，是指生产能够接入公众网络，提供预置 App 或者具备安装 App 能力的移动智能终端设备的主体。

本规定所称网络接入服务提供者，是指从事互联网数据中心（IDC）业务、互联网接入服务（ISP）业务和内容分发网络（CDN）业务，为 App 提供网络接入服务的电信业务经营者。

第四条　国家互联网信息办公室负责统筹协调 App 个人信息保护工作和相关监督管理工作，会同工业和信息化部、公安部、市场监管总局建立健全 App 个人信息保护监督管理联合工作机制，统筹推进政策标准规范等相关工作，加强信息共享及对 App 个人信息保护工作的指导。各部门在各自职责范围内负责

App 个人信息保护和监督管理工作。

省、自治区、直辖市网信办、通信管理局、公安厅（局）、市场监管局负责本行政区域内 App 个人信息保护监督管理工作。

前两款规定的部门统称为 App 个人信息保护监督管理部门。

第五条 App 个人信息处理活动应当采用合法、正当的方式，遵循诚信原则，不得通过欺骗、误导等方式处理个人信息，切实保障用户同意权、知情权、选择权和个人信息安全，对个人信息处理活动负责。

相关行业组织和专业机构按照有关法律法规、标准及本规定，开展 App 个人信息保护能力评估、认证。

第六条 从事 App 个人信息处理活动的，应当以清晰易懂的语言告知用户个人信息处理规则，由用户在充分知情的前提下，做出自愿、明确的意思表示。

（一）应当在 App 登录注册页面及 App 首次运行时，通过弹窗、文本链接及附件等简洁明显且易于访问的方式，向用户告知涵盖个人信息处理主体、处理目的、处理方式、处理类型、保存期限等内容的个人信息处理规则；

（二）应当采取非默认勾选的方式征得用户同意；

（三）应当尊重用户选择权，在取得用户同意前或者用户明确表示拒绝后，不得处理个人信息；个人信息处理规则发生变更的，应当重新取得用户同意；

（四）应当在对应业务功能启动时，动态申请 App 所需的权限，不应强制要求用户一揽子同意打开多个系统权限，且未经用户同意，不得更改用户设置的权限状态；

（五）需要向本 App 以外的第三方提供个人信息的，应当向用户告知其身份信息、联系方式、处理目的、处理方式和个人信息的种类等事项，并取得用户同意；

（六）处理种族、民族、宗教信仰、个人生物特征、医疗健康、金融账户、个人行踪等敏感个人信息的，应当对用户进行单独告知，取得用户同意后，方可处理敏感个人信息。

第七条 从事 App 个人信息处理活动的，应当具有明确、合理的目的，并遵循最小必要原则，不得从事超出用户同意范围或者与服务场景无关的个人信息处理活动。

（一）处理个人信息的数量、频次、精度等应当为服务所必需，不得超范围处理个人信息；

（二）个人信息的本地读取、写入、删除、修改等操作应当为服务所必需，不得超出用户同意的操作范围；

（三）用户拒绝相关授权申请后，不得强制退出或者关闭 App，不得提前申请超出其业务功能或者服务外的权限，不得利用频繁弹窗反复申请与当前服务场景无关的权限；

（四）在非服务所必需或者无合理场景下，不得自启动或者关联启动其他 App；

（五）用户拒绝提供非该类服务所必需的个人信息时，不得影响用户使用该服务；

（六）不得以改善服务质量、提升使用体验、研发新产品、定向推送信息、风险控制等为由，强制要求用户同意超范围或者与服务场景无关的个人信息处理行为。

第八条　App 开发运营者应当履行以下个人信息保护义务：

（一）切实提升产品和服务个人信息保护意识，将个人信息保护要求落实在产品设计、开发及运营环节；以显著、清晰的方式定期向用户呈现 App 的个人信息收集使用情况；

（二）基于个人信息向用户提供商品或者服务的搜索结果的，应当保证结果公平合理，同时向该用户提供不针对其个人特征的选项，尊重和平等保护用户合法权益；

（三）使用第三方服务的，应当制定管理规则，明示 App 第三方服务提供者的名称、功能、个人信息处理规则等内容；应与第三方服务提供者签订个人信息处理协议，明确双方相关权利义务，并对第三方服务提供者的个人信息处理活动和信息安全风险进行管理监督；App 开发运营者未尽到监督义务的，应当依法与第三方服务提供者承担连带责任；

（四）对于不影响其他服务功能的独立服务功能模块，应当向用户提供关闭或者退出该独立服务功能的选项，不得因用户采取关闭或者退出操作而拒绝提供其他服务；

（五）加强前端和后端安全防护、访问控制、技术加密、安全审计等工作，主动监测发现个人信息泄露等违规行为，及时响应处置要求；

（六）国家规定的其他个人信息保护义务。

第九条 App 分发平台应当履行以下个人信息保护义务：

（一）登记并核验 App 开发运营者、提供者的真实身份、联系方式等信息；

（二）在显著位置标明 App 运行所需获取的用户终端权限列表和个人信息收集的类型、内容、目的、范围、方式、用途及处理规则等相关信息；

（三）不得欺骗误导用户下载 App；

（四）对新上架 App 实行上架前个人信息处理活动规范性审核，对已上架 App 在本规定实施后 1 个月内完成补充审核，并根据审核结果进行更新或者清理；

（五）建立 App 开发运营者信用积分、风险 App 名单、平台信息共享及签名验证等管理机制；

（六）按照监督管理部门的要求，完善报送机制，及时配合监督管理部门开展问题 App 上报、响应和处置工作；

（七）设置便捷的投诉举报入口，及时处理公众对本平台所分发 App 的投诉举报；

（八）国家规定的其他个人信息保护义务。

第十条 App 第三方服务提供者应当履行以下个人信息保护义务：

（一）制定并公开个人信息处理规则；

（二）以明确、易懂、合理的方式向 App 开发运营者公开其个人信息处理目的、处理方式、处理类型、保存期限等内容，其个人信息处理活动应当与公开的个人信息处理规则保持一致；

（三）未经用户同意或者在无合理业务场景下，不得自行进行唤醒、调用、更新等行为；

（四）采取足够的管理措施和技术手段保护个人信息，发现安全风险或者个人信息处理规则变更时应当及时进行更新并告知 App 开发运营者；

（五）未经用户同意，不得将收集到的用户个人信息共享转让；

（六）国家规定的其他个人信息保护义务。

第十一条 移动智能终端生产企业应当履行以下个人信息保护义务：

（一）完善终端权限管控机制，及时弥补权限管理漏洞，持续优化和规范敏感行为的记录能力，主动为用户权限申请和告知提供便利；

（二）建立终端启动和关联启动 App 管理机制，为用户提供关闭自启动和关联启动的功能选项；

（三）持续优化个人信息权限在用状态，特别是录音、拍照、视频等敏感权限在用状态的显著提示机制，帮助用户及时准确了解个人信息权限的使用状态；

（四）建立重点 App 关注名单管理机制，完善移动智能终端 App 管理措施；

（五）对预置 App 进行审核，持续监测预置 App 的个人信息安全风险；

（六）在安装过程中以显著方式告知用户 App 申请的个人信息权限列表；

（七）完善终端设备标识管理机制；

（八）国家规定的其他个人信息保护义务。

第十二条 网络接入服务提供者应当履行以下个人信息保护义务：

（一）在为 App 提供网络接入服务时，登记并核验 App 开发运营者的真实身份、联系方式等信息；

（二）按照监督管理部门的要求，依法对违规 App 采取停止接入等必要措施，阻止其继续违规侵害用户个人信息和其他合法权益；

（三）国家规定的其他个人信息保护义务。

第十三条 从事 App 个人信息处理活动的相关主体，应当加强人员教育培训，制定个人信息保护内部管理制度，落实网络安全等级保护和应急预案等制度要求；采取加密、去标识化等安全技术措施，防止未经授权的访问及个人信息泄露或者被窃取、篡改、删除等风险；需要认证用户真实身份信息的，应当通过国家统一建设的公民身份认证基础设施所提供的网上公民身份核验认证服务进行。

第十四条 任何组织和个人发现违反本规定行为的，可以向监督管理部门或者中国互联网协会、中国网络空间安全协会投诉举报，监督管理部门和相关组织应当及时受理并调查处理。

从事 App 个人信息处理活动的相关主体应当自觉接受社会监督。

第十五条 根据公众投诉举报情况和监管中发现的问题，监督管理部门可以对存在问题和风险的 App 实施个人信息保护检查。

从事 App 个人信息处理活动的相关主体应当对监督管理部门依法实施的监督检查予以配合。

第十六条 发现从事个人信息处理活动的相关主体违反本规定的，监督管理部门可依据各自职责采取以下处置措施：

（一）责令整改与社会公告。对检测发现问题 App 的开发运营者、App 分发平台、第三方服务提供者及相关主体提出整改，要求 5 个工作日内进行整改及时消除隐患；未完成整改的，向社会公告。

（二）下架处置。对社会公告 5 个工作日后，仍拒绝整改或者整改后仍存在问题的，可要求相关主体进行下架处置；对反复出现问题、采取技术对抗等违规情节严重的，将对其进行直接下架；被下架的 App 在 40 个工作日内不得通过任何渠道再次上架。

（三）断开接入。下架后仍未按要求完成整改的，将对其采取断开接入等必要措施。

（四）恢复上架。被下架的 App 完成整改，并完善技术和管理机制及做出企业自律承诺后，可向做出下架要求的监督管理部门申请恢复上架。

（五）恢复接入。被断开网络接入的 App 完成整改后，可向做出断开接入要求的监督管理部门申请恢复接入。

（六）信用管理。对相应违规主体，可纳入信用管理，实施联合惩戒。

第十七条 对整改反复出现问题的 App 及其开发运营者开发的相关 App，监督管理部门可以指导组织 App 分发平台和移动智能终端生产企业在集成、分发、预置和安装等环节进行风险提示，情节严重的采取禁入措施。

第十八条 从事 App 个人信息处理活动侵害个人信息权益的，将依照有关规定予以处罚；构成犯罪的，公安机关依法追究刑事责任。

第十九条 监督管理部门应当对履行职责中知悉的用户个人信息予以保密，不得泄露、篡改或者毁损，不得出售或者非法向他人提供。

第二十条 本规定自　年　月　日起施行。